LEHRBUCH DER
ALLGEMEINEN GEOGRAPHIE

BAND VII

Nachtrag zur 3. Auflage

NACHTRAG 1967

zur 3. Auflage 1965

der

ALLGEMEINEN WIRTSCHAFTS- UND VERKEHRSGEOGRAPHIE

(Lehrbuch der Allgemeinen Geographie, Band VII)

Von

Prof. Dr. Dr. h. c. ERICH OBST und Prof. Dr. GERHARD SANDNER

WALTER DE GRUYTER & CO.

vormals G. J. Göschen'sche Verlagshandlung - J. Guttentag, Verlagsbuchhandlung
Georg Reimer - Karl J. Trübner - Veit & Comp.

BERLIN 1967

Geleitwort

Um die Aktualität der „Allgemeinen Wirtschafts- und Verkehrsgeographie" zu sichern, erscheint zu der 3. Auflage 1965 jetzt der Nachtrag 1967. Er bringt für diejenigen Angaben der 3. Auflage, bei denen im Jahrfünft 1960/65 erhebliche Änderungen eingetreten sind, Fortsetzungstabellen mit kurzem erläuternden Text. Die Tabellen enthalten die statistischen Werte bis einschließlich 1965; gelegentlich konnten Angaben über die Entwicklung auch noch für 1966 geboten werden. Die Ergänzungen beschränken sich auf die am stärksten von Änderungen betroffenen Zweige der Industriewirtschaft einschließlich der hierfür in Betracht kommenden Bergbauprodukte und auf die Energiewirtschaft. Mit diesem Nachtrag soll der Inhalt der 3. Auflage aktualisiert und zugleich das dynamische Element in der wirtschaftlichen Entwicklung betont werden.

Dem Nachtrag ist ein Blatt mit dem fortlaufenden Text „Beachte den Nachtrag 1967" beigefügt. Es dürfte sich empfehlen, von diesem Blatt einzelne Zettel abzutrennen und jeweils an den entsprechenden Stellen der 3. Auflage anzubringen.

Hannover und Hamburg, *Erich Obst – Gerhard Sandner*

im Sommer 1967

Inhaltsübersicht

Ergänzung zu S. 383—385

Überblick über die Nichteisen-Metalle

Produktion und Verbrauch der NE-Metalle haben auch weiterhin eine sehr beachtliche Zunahme zu verzeichnen. Hinsichtlich der Weltproduktion liegen mit Ausnahme von Zinn die Werte für 1965 um eine Million t und mehr höher als die für 1960! Darüber hinaus muß gegenüber 1960 hervorgehoben werden, daß 1965 *Aluminium in Produktion und Verbrauch die erste Stelle in der Reihe der NE-Metalle errungen* hat.
Eine starke Zuwachsrate ist auch bei Nickel festzustellen, bei dem Produktion und Verbrauch längst größer sind als die bei Zinn. Da Nickel in der 3. Auflage keine eingehende Behandlung erfahren hat, haben wir in diesem Nachtrag eine kleine Zahlenfolge für Nickel aufgenommen (nebenstehend unten).
Die hier und im Anschluß daran gebotenen Zahlen für Bergwerksproduktion, Hüttenproduktion und Verbrauch bieten eine Möglichkeit, die Stellung jedes einzelnen Staates bzw. jeder Staatengruppe im Rahmen der Metallwirtschaft zu ermitteln. Es gelten im allgemeinen die folgenden Regeln:

Hüttenproduktion > Bergwerksproduktion = es werden zusätzlich Erze importiert.

Hüttenproduktion < Bergwerksproduktion = ein Teil der geförderten Erze wird exportiert.

Verbrauch > Hüttenproduktion = es wird zusätzlich Metall importiert.

Verbrauch < Hüttenproduktion = ein Teil des erzeugten Metalls wird exportiert.

Kanada exportiert demgemäß sowohl Nickelerze als metallisches Nickel in bedeutendem Ausmaß.
Alle Angaben der nebenstehenden und nachfolgenden Tabellen betr. NE-Metalle gründen sich auf die von der Metallgesellschaft in Frankfurt a. M. alljährlich herausgegebenen METALLSTATISTIK. Letzte benutzte Veröffentlichung: 53. Jahrgang, Frankfurt a. M. 1966. — Man wolle sich nicht daran stoßen, daß die in der 3. Auflage für 1960 und die in diesem Nachtrag für 1960 gemachten Angaben nicht in allen Fällen genau übereinstimmen. Gelegentliche kleine Differenzen erklären sich durch die Tatsache, daß die METALLSTATISTIK in jedem neuen Jahrgang für die vorausgegangenen Jahre im Bedarfsfall Korrekturen vornimmt. Im vorliegenden Nachtrag bringen wir für 1960 stets die für dieses Jahr im 53. Jahrgang 1966 angegebenen Werte.

NE-Metalle, Weltproduktion in 1000 t

Reihenfolge nach dem Ausmaß der Produktion in 1965

NE-Metalle	um 1800	um 1850	um 1900	um 1950	um 1960	um 1965
Aluminium	—	—	10,0	1801,7	4545,6	**6464,4**
Kupfer (raff.)	16,5	56,9	538,8	**2538,5**	**4978,3**	6142,8
Zink	0,2	53,3	543,5	2079,6	3115,7	4037,6
Blei (raff.)	**21,9**	**142,0**	**847,0**	1755,9	2597,6	3157,8
Zinn	9,1	18,0	91,9	172,1	207,1	203,9

NE-Metalle, Verbrauch 1965 in 1000 t

Reihenfolge nach dem Ausmaß des Weltverbrauchs

NE-Metalle	Welt	USA	Europa einschl. Osteuropa	UdSSR	Japan	China
Aluminium	6510,8	2851,8	1905,1	875,0	288,1	95,0
Kupfer (raff.)	6065,6	1798,4	2364,0	750,0	427,5	120,0
Zink	4080,6	1212,4	1545,0	392,0	329,5	100,0
Blei (raff.)	3118,5	747,4	1407,4	385,0	147,3	85,0
Zinn	222,5	59,5	75,1	28,0	17,0	15,0

Nickel, 1000 t

	1955				1965			
	Welt	Kanada	UdSSR	Neukaledonien	Welt	Kanada	UdSSR	Neukaledonien
Bergwerksproduktion	248,8	158,7	44,0	24,7	429,5	243,9	80,0	57,6
Hüttenproduktion	239,6	98,8	44,0	3,7	413,1	143,3	80,0	15,6

Verbrauch 1965: Welt 425600 t, davon USA 156000 t, Sowjetrußland und übrige Ostblockländer zus. 108000 t, Großbritannien 36900 t, BR Deutschland 30700 t, Japan 26900 t, Frankreich 21000 t, Schweden 13100 t, Kanada 8200 t.

Ergänzung zu S. 385—390

Kupfer

Der starke Aufschwung, den die Industriewirtschaft der Welt in den vergangenen Jahren genommen hat, spiegelt sich auch in der starken Zunahme von Kupferproduktion und -verbrauch wider.
In der *Bergwerksproduktion* sind nach wie vor Amerika und Afrika absolut führend. Alle Kupfererz fördernden Staaten der Neuen Welt mit Ausnahme von Peru haben ihre Bergwerksproduktion von 1960 auf 1965 erheblich gesteigert. — Das gleiche gilt mit einer Einschränkung auch von Afrika. Infolge der politischen Wirren ist in der Republik Kongo (L) die Bergwerksproduktion von 1960 auf 1965 etwas zurückgegangen, während sie in Sambia (Nordrhodesien) um mehr als 100000 t zugenommen hat. — Im Bereich von Europa ist hauptsächlich die Steigerung der Bergwerksproduktion in Jugoslawien von 33300 auf 62600 t bemerkenswert.
Auch in der *Hüttenproduktion* stehen Amerika und Afrika weiterhin an der Spitze der Weltliste. Afrika hat jetzt die Mio-Grenze überschritten und erzeugt fast die Hälfte der Rohkupferproduktion Amerikas. Die Hüttenproduktion Europas, weitgehend auf die Zuhilfenahme importierter Fremderze und von Schrottmaterial angewiesen, ist bescheiden und erreicht in ihrer Erzeugung nicht einmal die Ausmaße der Hüttenproduktion Asiens. Hier haben die Hüttenwerke Japans bei starker Hinzunahme von Importerzen eine bedeutende Steigerung der Produktion aufzuweisen.
Beim *Verbrauch von raffiniertem Kupfer* nimmt Europa auch 1965 die erste Stelle ein, aber der Abstand von Amerika ist merklich geringer geworden. Allein in den USA wird mehr raffiniertes Kupfer verbraucht als in Großbritannien, BR Deutschland, Frankreich und Italien zusammengenommen! Die Industrien der UdSSR verbrauchen mehr Kupfer als die Großbritanniens. In Japan ist 1965 der Kupferverbrauch weit größer als in Frankreich und nähert sich in seiner Größenordnung dem der BR Deutschland.
Als *stärkste Exporteure von Kupfererz* (Bergwerksproduktion > Hüttenproduktion) erweisen sich 1965 gemäß nebenstehender Tabelle Kanada, die Philippinen, Südwestafrika, Chile und Mexiko. — Die *bedeutendsten Lieferanten von Kupfer* (Hüttenproduktion > Verbrauch) sind Sambia (Nordrhodesien), Republik Kongo (L), Chile, Kanada und Peru. — Die *Vereinigten Staaten* müssen trotz einzigartigen Betrages ihrer Bergwerksproduktion noch Kupfererze einführen und sind trotz abermals einzigartiger Produktion ihrer Hütten auf den Import auch von metallischem Kupfer angewiesen; ihr Verbrauch von raffiniertem Kupfer, von keinem anderen Land der Welt auch nur annähernd erreicht, belief sich 1965 auf rd. 1,8 Mio t. — Während die europäischen Industriestaaten ihren Verbrauch von raffiniertem Kupfer von 1960 auf 1965 nur in relativ bescheidenem Ausmaße vergrößerten, erreichte dieser Wert außer bei den USA auch in Japan, der Sowjetunion und Kanada sehr beträchtliche Höhe.

Bergwerks- und Hüttenproduktion von Kupfer, Verbrauch von raffiniertem Kupfer[1]) 1000 t

Reihenfolge nach dem Kupferverbrauch in 1965. Ein Strich bedeutet „sehr geringfügig" oder „null"

Länder	Bergwerksproduktion (Kupferinhalt)		Hüttenproduktion (Rohkupfer)		Verbrauch von raffin. Kupfer	
	1960	1965	1960	1965	1960	1965
Welt	**4238,1**	**5021,9**	**4282,2**	**5063,8**	**4740,0**	**6065,6**
Europa[2])	**181,6**	**225,0**	**268,3**	**351,1**	**2065,1**	**2364,0**
Großbritannien	—	—	6,2	0,2	560,3	645,4
BR Deutschland	2,2	1,0	62,4	74,2	516,2	549,7
Frankreich	0,6	0,4	—	—	236,8	287,3
Italien	3,0	2,0	—	—	185,0	192,0
Belgien-Luxemburg	—	—	16,0	15,0	76,2	98,8
Schweden	17,5	14,1	15,7	31,1	92,1	95,3
Dt. Sowjetzone	20,0	20,0	20,0	20,0	65,0	80,0
Spanien	18,0	18,0	13,1	31,0	45,0	59,3
Jugoslawien	33,3	62,6	35,7	56,4	45,4	52,9
Schweiz	—	—	—	—	39,2	40,5
Finnland	28,4	29,8	32,2	32,5	30,5	37,5
Niederlande	—	—	—	—	31,7	32,4
Österreich	2,0	1,5	2,0	1,5	28,1	31,3
UdSSR	**500,0**	**700,0**	**500,0**	**700,0**	**651,6**	**750,0**
Amerika	**2174,3**	**2550,9**	**2201,3**	**2449,0**	**1421,4**	**2157,3**
USA	979,9	1229,0	1119,1	1300,9	1224,6	1798,4
Kanada	398,5	462,5	361,0	385,0	106,7	203,8
Chile	532,1	582,6	504,8	554,5	13,0	72,8
Mexiko	60,3	69,2	51,7	47,2	19,8	36,1
Brasilien	—	—	—	—	29,7	26,0
Peru	181,7	177,4	163,5	158,4	—	—
Afrika	**982,6**	**1123,0**	**942,0**	**1104,5**	**35,3**	**42,8**
Rep. Südafrika	48,4	62,2	48,4	56,2	26,0	30,8
Südwestafrika	21,3	38,1	—	—	—	—
Sambia (N-Rhodesien)	576,4	695,7	575,6	695,9	—	—
Rep. Kongo (L)	302,3	288,6	301,9	288,6	—	—
Asien[3])	**288,4**	**330,0**	**298,4**	**383,9**	**494,4**	**628,0**
Japan	89,2	107,1	188,2	269,4	304,0	427,5
Indien	8,8	9,5	9,2	9,6	62,4	64,0
Philippinen	44,2	63,3	—	—	—	—
Australien-Ozeanien	**111,2**	**93,0**	**72,2**	**75,3**	**72,2**	**123,5**

[1]) Quelle: Frankfurter Metallstatistik, 53. Jhg. 1966, S. 13—18.
[2]) Einschl. Osteuropa, aber ohne die UdSSR.
[3]) Ohne UdSSR, aber einschl. der kommunistischen Länder in Asien.

Ergänzung zu S. 390—394

Blei

Auch beim Blei ist der Verbrauch von 1960 auf 1965 in allen Teilen der Welt erheblich gestiegen, was eine verstärkte Entfaltung des Bergbaus und einen gesteigerten Ertrag der Hütten zur Voraussetzung hatte. Die Bergwerksproduktion der *europäischen Länder* hat in dem hier betrachteten Jahrfünft nur mäßige Fortschritte gemacht und hauptsächlich nur in Schweden, Polen, Jugoslawien und Bulgarien ein wesentliches Plus zu verzeichnen. Was in Europa an Bleierzen gefördert wird, reichte aber 1965 immerhin aus, um fast 39% des Bleiverbrauchs der europäischen Industrie zu decken. Durch Hinzunahme entsprechender Mengen von Fremderzen bzw. importierten Werkbleis erzeugten die Hüttenwerke Europas in 1965 über 1,1 Mio t raffinierten Bleis, was rd. 81% des Bleiverbrauchs der europäischen Industrie entspricht. Erforderlich blieb mithin ein nicht unbeträchtlicher Import von raffiniertem Blei.

In der *Sowjetunion* hat die Förderung von Bleierzen von 1960 auf 1965 um 100000 t zugenommen. Die dortigen Hütten benötigen nur einen mäßigen Zuschuß von Fremderzen, um so viel Blei zu produzieren, wie die sowjetische Industrie benötigt; ihre Erzeugung von raffiniertem Blei war 1965 so groß, daß die UdSSR rd. 55000 t raffinierten Bleis exportieren konnte.

In *Amerika* erreichten die Bergwerks- und Hüttenproduktion auch 1965 einzigartige Rekordwerte dank vor allem der gigantischen Förderung in den USA, in Kanada, Mexiko und Peru. Überall ist auch die Hüttenindustrie stark entwickelt; Kanada und Peru exportierten aber einen Teil der geförderten Erze vor allem nach den USA, deren Hüttenwerke auf die Hinzunahme fremden Rohmaterials eingestellt sind. Gegenüber 1960 hat der Bleiverbrauch der amerikanischen Industrie erheblich zugenommen, namentlich der der Vereinigten Staaten, des weitaus größten Bleiverbrauchers der Welt. Hier ist der Bedarf derart groß, daß auch sehr erhebliche Mengen von raffiniertem Blei importiert werden müssen, in erster Linie aus Kanada und Peru.

In *Afrika* ist vor allem die starke Steigerung der Bleiproduktion von Südwestafrika bemerkenswert. Von hier erheblicher Export von Bleierzen, Werkblei und auch von raffiniertem Blei.

In *Asien* hat Japan 1965 eine bedeutende Steigerung sowohl der Bergwerks- als der Hüttenproduktion aufzuweisen. Die eigene Produktion von raffiniertem Blei reicht aber nicht aus, um den gegenüber 1960 stark gestiegenen Bleibedarf der japanischen Industrie zu befriedigen. Einfuhr von Reinmetall vor allem aus Australien.

Australien war auch 1965 ein bedeutender Lieferant von Bleierzen, Werkblei und raffiniertem Blei. Seine Produktion von raffiniertem Blei war 1965 fast ebenso groß wie die der BR Deutschland.

Bergwerksproduktion von Blei, Produktion und Verbrauch von raffiniertem Blei[1])
1000 t

Reihenfolge nach dem Bleiverbrauch in 1965. Ein Strich bedeutet „sehr geringfügig" oder „null"

Länder	Bergwerksproduktion (Bleiinhalt)		Produktion von raffin. Blei		Verbrauch von raffin. Blei	
	1960	1965	1960	1965	1960	1965
Welt	**2376,5**	**2715,2**	**2718,1**	**3157,8**	**2617,0**	**3118,5**
Europa[2])	**521,5**	**545,6**	**990,0**	**1138,2**	**1239,8**	**1407,4**
Großbritannien	1,4	2,0	147,5	172,1	286,5	312,1
BR Deutschland	50,0	48,5	206,8	227,0	239,5	272,9
Frankreich	18,6	17,9	109,8	127,6	161,4	144,6
Italien	49,8	34,2	53,6	53,3	78,0	94,0
Dt. Sowjetzone	7,0	10,0	25,0	25,0	65,0	75,0
Spanien	72,9	56,4	71,6	53,8	29,1	71,9
Polen	39,2	46,3	39,7	41,4	50,8	61,6
Niederlande	—	—	13,5	16,0	51,0	53,0
Schweden	55,3	66,5	54,9	55,0	43,8	52,5
Belgien-Luxemburg	—	—	92,7	110,8	55,2	50,5
Jugoslawien	91,2	106,3	89,1	101,5	23,0	45,0
Tschechoslowakei	6,0	15,0	9,0	20,0	30,0	35,0
Schweiz	—	—	—	—	18,9	23,6
Dänemark	—	—	6,9	10,6	20,0	21,8
Österreich	5,2	5,3	11,4	11,9	21,1	21,5
Rumänien	12,0	15,0	12,0	12,0	12,0	12,0
Bulgarien	94,8	101,0	40,4	90,0	?	?
UdSSR	**300,0**	**400,0**	**350,0**	**440,0**	**320,0**	**385,0**
Amerika	**811,4**	**926,5**	**905,7**	**990,5**	**768,1**	**935,4**
USA	223,8	265,8	481,2	519,6	646,6	747,4
Mexiko	190,7	169,7	166,7	172,4	29,8	71,0
Kanada	186,6	268,3	143,8	169,2	36,5	55,0
Argentinien	23,6	30,5	29,4	32,0	29,0	32,0
Brasilien	9,8	16,0	9,8	9,8	18,4	18,0
Peru	131,6	147,1	74,1	86,6	—	—
Afrika	**217,2**	**237,1**	**65,6**	**120,0**	**24,2**	**30,0**
Südwestafrika	65,1	109,9	—	66,0	—	—
Marokko	94,8	77,1	30,7	17,2	?	?
Asien[3])	**213,3**	**244,9**	**198,2**	**254,1**	**211,4**	**302,9**
Japan	39,5	54,9	74,2	108,5	99,6	147,3
Volksrep. China	80,0	90,0	70,0	85,0	70,0	85,0
Nordkorea	50,0	50,0	30,0	40,0	6,0	10,0
Indien	4,5	4,6	3,7	2,9	24,7	39,0
Burma	18,0	18,0	17,3	16,0	?	?
Australien	**313,1**	**361,1**	**208,6**	**215,0**	**53,5**	**57,8**

[1]) Quelle: Frankfurter Metallstatistik, 53. Jhg. 1966, S. 8—11.
[2]) Einschließlich Osteuropa, aber ohne die UdSSR.
[3]) Ohne UdSSR, aber einschl. der kommunistischen Länder in Asien.

Ergänzung zu S. 394—397

Zink

Für die Zinkwirtschaft der Welt ist in dem Jahrfünft 1960/65 ein erhebliches Ansteigen von Bergwerks- und Hüttenproduktion sowie von Rohzinkverbrauch bezeichnend. Die Zunahme hält sich bei den *europäischen Staaten* in mäßigen Grenzen. Hier weist die Bergwerksproduktion Gesamteuropas trotz Rückgangs in einzelnen Ländern eine bescheidene Steigerung nur dank der Erhöhung der Förderung in Polen, Jugoslawien und Bulgarien auf. Bei der sehr bedeutenden, aber weitgehend auf Hinzunahme von Fremderzen eingestellten Hüttenproduktion kommt es zu einer bescheidenen Steigerung wiederum nur, weil der stellenweise Rückgang durch eine Zunahme vor allem in Großbritannien, Frankreich, Polen, Bulgarien u. a. m. mehr als ausgeglichen wird. Der Verbrauch von Rohzink ist allenthalben etwas gestiegen.
In der *UdSSR* ist der Aufschwung von 1960 auf 1965 beachtlich stark. Die wesentlich erhöhte Hüttenproduktion wird fast vollkommen durch die eigene Bergwerksproduktion mit Rohstoff versorgt. Der Verbrauch von Rohzink ist in der Sowjetunion größer als in irgend einem der Industriestaaten Westeuropas, die Hüttenproduktion jedoch von solchem Ausmaß, daß beträchtliche Mengen von Rohzink exportiert werden können.
Amerika hält 1965 in der Weltliste die Spitze in der Bergwerks- und in der Hüttenproduktion. Wie aus nebenstehender Tabelle hervorgeht, können sämtliche amerikanischen Länder mit Ausnahme der USA und Argentinien auch in 1965 infolge des relativ bescheidenen Verbrauchs sowohl Zinkerze als Hüttenzink exportieren. Die USA benötigt eine Einfuhr von Zinkerzen; ihre Hütten erzeugen jedoch solche Riesenmengen, daß auch von hier Rohzink in beträchtlichem Umfang exportiert werden kann. Gegenüber 1960 ein erheblicher Aufschwung bei den USA, Kanada und Peru.
Bei *Afrika*, einem beachtlichen Lieferanten von Zinkerzen und Rohzink, ist in dem Jahrfünft keine wesentliche Änderung eingetreten.
In *Asien* hat Japan seine Bergwerks- und vor allem seine Hüttenproduktion von 1960 auf 1965 wesentlich steigern können. Aber der Verbrauch ist auch beträchtlich gestiegen. Import von Zinkerzen erforderlich, bescheidene Ausfuhr von Rohzink möglich.
Australien ist auch 1965 ein bedeutsamer Lieferant sowohl von Zinkerzen als von Rohzink. Gegenüber 1960 starke Steigerung der Hüttenproduktion und des Exports von Rohzink bei abgeschwächtem Export von Zinkerzen.

Bergwerks- und Hüttenproduktion von Zink, Verbrauch von Rohzink[1])
1000 t

Reihenfolge nach dem Zinkverbrauch in 1965. Ein Strich bedeutet „sehr geringfügig" oder „null"

Länder	Bergwerksproduktion (Zinkinhalt)		Hüttenproduktion		Verbrauch von Rohzink	
	1960	1965	1960	1965	1960	1965
Welt	**3364,5**	**4187,8**	**3151,6**	**4037,6**	**3081,8**	**4080,6**
Europa[2])	**792,5**	**819,7**	**1127,1**	**1289,3**	**1326,9**	**1545,0**
BR Deutschland	114,5	108,7	191,9	182,2	296,7	333,8
Großbritannien	0,3	—	75,5	106,8	275,9	278,1
Frankreich	17,2	20,8	149,1	192,1	172,1	185,7
Belgien-Luxemburg	—	—	247,5	239,8	105,9	123,5
Italien	130,2	115,4	85,3	80,9	85,0	116,0
Polen	144,0	185,2	175,6	190,4	93,6	113,5
Tschechoslowakei	—	—	—	—	45,0	60,0
Dt. Sowjetzone	7,0	10,0	—	10,0	35,0	51,0
Spanien	86,1	38,3	45,1	53,5	32,0	43,8
Jugoslawien	56,4	67,0	35,9	46,1	26,8	43,0
Schweden	74,2	74,0	—	—	30,8	34,0
Niederlande	—	—	35,6	42,0	26,0	30,9
Schweiz	—	—	—	—	23,5	25,5
Bulgarien	77,0	82,0	16,9	60,0	?	?
UdSSR	**375,0**	**450,0**	**400,0**	**475,0**	**370,5**	**392,0**
Amerika	**1272,0**	**1837,9**	**1125,1**	**1447,6**	**919,0**	**1415,9**
USA	395,0	553,4	787,1	978,2	790,4	1212,4
Kanada	369,1	746,8	236,7	325,3	50,6	94,9
Mexiko	271,4	224,9	52,9	59,2	22,7	32,7
Brasilien	—	—	—	—	30,8	31,6
Argentinien	28,6	30,2	16,0	23,6	17,0	29,3
Peru	178,1	259,4	32,4	61,3	—	—
Afrika	**267,2**	**290,2**	**83,7**	**104,4**	**30,2**	**47,0**
Rep. Südafrika	—	—	—	—	27,5	41,0
Rep. Kongo (L)	109,2	119,2	53,4	57,0	—	—
Marokko	49,5	51,2	—	—	—	—
Sambia	40,2	47,4	30,3	47,4	—	—
Algerien	39,3	37,0	—	—	—	—
Südwestafrika	24,8	29,7	—	—	—	—
Asien[3])	**335,3**	**436,4**	**295,5**	**522,8**	**341,3**	**571,5**
Japan	156,7	221,0	180,5	367,8	189,3	329,5
Volksrep. China	70,0	90,0	70,0	90,0	70,0	100,0
Indien	5,4	5,3	—	—	60,0	95,0
Nordkorea	75,0	80,0	45,0	65,0	—	—
Australien	**322,5**	**353,6**	**120,2**	**198,5**	**93,9**	**109,2**

[1]) Quelle: Frankfurter Metallstatistik, 53. Jhg. 1966, S. 20—23.
[2]) Einschließlich Osteuropa, aber ohne die UdSSR.
[3]) Ohne UdSSR, aber einschl. der kommunistischen Länder in Asien.

Ergänzung zu S. 400—404

Aluminium

Die Produktion von Bauxit, des Rohstoffs für die Gewinnung von Aluminium, wird von den einzelnen Ländern nicht nach dem Metallinhalt, sondern nach dem Gewicht der realen Fördermengen veröffentlicht. Da der Bauxit in der Zusammensetzung sehr verschieden ist und unterschiedliche Nässegehalte aufweist, sind die Werte nicht ohne weiteres genau vergleichbar. Immerhin treten auch 1965 die folgenden Großproduzenten hervor (in 1000 t): Frankreich 2651,6, Jugoslawien 1574,0, Ungarn 1478,0, Griechenland 1257,0; UdSSR 4300,0; Jamaika 8700,0, Surinam 4360,0, Britisch-Guayana 2850,0, USA 1681,6, Dominikanische Republik 941,7; Guinea 1600,0; Malaysia 856,7, Indien 705,7, Indonesien 700,0; Australien 1175,9 (Frankfurter Metallstatistik 1966, S. 4).
Von 1960 auf 1965 ist die Aluminium-Weltproduktion von 4,543 auf 6,464 Mio t gestiegen. An der enormen Zunahme der Produktion sind die mittel- und südamerikanischen Großproduzenten von Bauxit nicht beteiligt; diese exportieren den Rohstoff nahezu gänzlich, vor allem in die USA. Die größte Produktion von Aluminium erfolgt zum einen in den Ländern, die über reiche Bauxitvorkommen und billige Energiequellen verfügen sowie eine hochentwickelte Industrie aufweisen (Frankreich, UdSSR, USA). Zum anderen führen sehr reichliche und billige Energiequellen trotz Fehlens eigener Bauxitschätze zu einer beträchtlichen Produktion von Aluminium (Kanada, Norwegen, Schweiz). Endlich erreicht die Produktion von Aluminium erhebliche Werte in den hochentwickelten Industrieländern, wo starker Aluminiumbedarf die Verarbeitung von Bauxit rentabel erscheinen läßt, auch wenn Bauxitvorkommen unbedeutend sind bzw. ganz fehlen und die Energieversorgung nicht sonderlich preisgünstig ist (BR Deutschland, Großbritannien, Italien, Japan).
Nebenstehende Tabelle liefert den ziffernmäßigen Beleg für diese Tatsachen. In ihr tritt unter anderen deutlich hervor, wie beachtlich die Produktion von Aluminium in den osteuropäischen Ländern mit oder ohne Bauxitvorkommen zugenommen hat, am stärksten in der Tschechoslowakei, in Polen, Jugoslawien und Ungarn.
Einzig groß ist die Produktionssteigerung von 1960 auf 1965 in den USA (von 1827500 auf 2498800 t), in der Sowjetunion (von 700000 auf 1050000 t) und in Japan (von 133200 auf 293900 t).
Im Verbrauch von Aluminium ist die Zunahme von 1960 auf 1965 allenthalben beträchtlich, besonders stark in den Vereinigten Staaten. Nahezu verdoppelt hat sich in diesem Jahrfünft aber auch der Verbrauch in Japan und in Australien.

Produktion und Verbrauch von Aluminium[1])
1000 t

Reihenfolge nach dem Aluminiumverbrauch in 1965. Ein Strich bedeutet „sehr geringfügig" oder „null"

Länder	Produktion			Verbrauch		
	1948	1960	1965	1948	1960	1965
Welt	**1225,8**	**4543,2**	**6464,4**	**1249,1**	**4185,4**	**6510,8**
Europa[2])	**212,5**	**1020,8**	**1495,0**	**390,4**	**1496,6**	**1905,1**
BR Deutschland	7,5	168,9	234,4	24,0	313,0	387,4
Großbritannien	30,5	29,4	36,2	176,2	357,2	351,4
Frankreich	63,7	235,2	340,5	80,0	212,7	248,6
Italien	32,6	83,6	124,1	23,8	99,0	128,0
Dt. Sowjetzone	—	40,0	50,0	—	75,0	120,0
Belgien-Luxemburg	—	—	—	3,6	63,5	114,6
Tschechoslowakei	—	40,0	50,0	13,0	46,0	65,0
Spanien	0,5	29,3	53,3	2,6	20,0	64,0
Schweiz	19,0	39,0	67,1	15,2	47,9	62,6
Polen	—	26,0	47,3	4,0	39,8	58,0
Jugoslawien	1,9	25,1	41,3	1,9	40,9	56,0
Ungarn	9,2	49,6	58,2	8,0	40,2	55,0
Schweden	3,3	16,0	29,6	13,3	37,9	44,2
Österreich	13,3	68,0	78,7	3,5	37,0	42,0
Norwegen	31,0	170,7	276,3	8,5	18,5	24,0
Niederlande	—	—	—	8,5	14,0	19,2
UdSSR	**100,0**	**700,0**	**1050,0**	**105,0**	**632,0**	**875,0**
Amerika	**898,6**	**2537,0**	**3314,6**	**731,0**	**1715,0**	**3125,6**
USA	565,6	1827,5	2498,8	659,0	1541,2	2851,8
Kanada	333,0	691,3	762,6	59,4	109,6	150,0
Brasilien	—	18,2	32,0	5,6	33,0	53,8
Mexiko	—	—	19,2	1,0	11,2	20,0
Afrika[3])	—	**43,9**	**50,5**	**1,0**	**14,0**	**28,0**
Rep. Südafrika	—	—	—	0,5	11,3	18,0
Asien[4])	**14,2**	**229,7**	**466,5**	**16,7**	**278,4**	**504,1**
Japan	7,0	133,2	293,9	7,0	150,5	288,1
Volksrep. China	—	70,0	90,0	3,0	90,0	95,0
Indien	3,4	18,2	63,7	4,2	24,9	71,0
Australien-Ozeanien	—	**11,8**	**87,8**	**5,0**	**39,4**	**73,0**

[1]) Quelle: Frankfurter Metallstatistik, 53. Jhg. 1966, S. 4—7.
[2]) Einschließlich der osteuropäischen Länder, aber ohne die UdSSR.
[3]) Produktion lediglich in Kamerun.
[4]) Ohne UdSSR, aber einschließlich der kommunistischen Länder in Asien.

Ergänzung zu S. 411

Roheisen- und Rohstahlerzeugung

Roheisen und Rohstahl sind trotz des Vordringens der NE-Metalle und der Kunststoffe noch immer wichtige Ausgangsprodukte der verarbeitenden Industrie. Ihre Produktion hat daher in dem Zeitraum 1960/65 gemäß dem weltweiten Aufschwung der Industriewirtschaft allenthalben beträchtlich zugenommen. Wie nebenstehende Tabelle zeigt, ist jedoch das *Wachstum bei der Produktion von Roheisen und Rohstahl bei den führenden Industriestaaten Europas wesentlich geringer als bei der Sowjetunion und den Industriestaaten in Übersee.* Bei Rohstahl ergeben sich für die Produktionszunahme von 1960 auf 1965 folgende Werte in Mio t: BR Deutschland 2,721, Großbritannien 2,745, Frankreich 2,299, Italien 4,218, UdSSR 25,708, USA 30,180, Kanada 3,828, Japan 19,323, Indien 3,074, Australien 1,816. Wenn das gesamte Europa seine Rohstahlerzeugung von 1960 auf 1965 um immerhin 27,622 Mio t zu steigern vermochte, so ist das in erheblichem Maße auf die Produktionszunahme auch in den osteuropäischen Ländern zurückzuführen, sie betrug in Mio t: bei Polen 2,408, bei der Tschechoslowakei 1,830, bei Rumänien 1,614. — Bemerkenswert ist in Sonderheit die Tatsache, daß bei der Produktion von Rohstahl die Zunahme von 1960 auf 1965 für Gesamtasien mit 23,812 Mio t nahe an den Wert für Gesamteuropa mit 27,622 Mio t heranreicht und daß *Japan 1965 mehr Rohstahl produzierte als irgend eines der alten Industrieländer Westeuropas.* Die machtvolle Aufwärtsentwicklung der Eisen-Stahl-Industrie Japans hält auch weiterhin an. Im Jahre 1966 belief sich seine Roheisenerzeugung auf 32,018 Mio t (beinahe das Dreifache von 1960), die Produktion von Rohstahl auf 47,770 Mio t (mehr als das Doppelte von 1960).

Roheisen- und Rohstahlerzeugung in Mio t[1])

Reihenfolge nach der Rohstahlerzeugung in 1965

Länder	Produktion von Roheisen			Produktion von Rohstahl		
	1955	1960	1965	1955	1960	1965
Welt	**190,500**	**241,500**	**325,300**	**270,400**	**341,146**	**459,338**
Europa	**67,624**	**91,295**	**109,620**	**93,630**	**130,409**	**158,041**
BR Deutschland	19,361	25,739	26,990	24,502	34,100	36,821
Großbritannien	12,670	16,016	17,740	20,108	24,695	27,440
Frankreich	10,941	14,005	15,766	12,631	17,300	19,599
Italien	1,677	2,715	5,501	5,395	8,462	12,681
Belgien	5,320	6,520	8,436	5,894	7,181	9,162
Polen	3,112	4,253	5,375	4,426	6,680	9,088
Tschechoslowakei	2,982	4,695	5,869	4,474	6,768	8,598
Schweden	1,173	1,518	2,287	2,149	3,218	4,725
Luxemburg	3,048	3,713	4,145	3,226	4,084	4,585
Dt. Sowjetzone	1,517	1,996	2,338	2,508	3,787	4,366
Spanien	0,963	1,888	2,328	1,212	1,920	3,515
Rumänien	0,570	1,014	2,019	0,766	1,806	3,425
Österreich	1,506	2,232	2,200	1,833	3,163	3,221
Niederlande	0,668	1,347	2,364	0,979	1,950	3,145
Ungarn	0,855	1,257	1,583	1,629	1,886	2,520
Jugoslawien	0,514	0,972	1,115	0,806	1,442	1,769
UdSSR	**33,310**	**46,757**	**66,200**	**45,271**	**65,292**	**91,000**
Amerika	**75,209**	**68,139**	**91,728**	**112,608**	**101,940**	**139,877**
USA	70,570	61,072	80,611	106,173	91,920	122,490
Kanada	2,917	3,899	6,408	4,114	5,270	9,097
Brasilien	1,069	1,838	2,237	1,163	2,260	3,017
Mexiko	0,382	0,669	0,942	0,510	1,474	2,455
Argentinien	0,035	0,180	0,662	0,218	0,277	1,368
Afrika	**1,317**	**1,930**	**3,518**	**1,748**	**2,315**	**3,602**
Rep. Südafrika	1,260	1,844	3,268	1,584	2,114	3,237
Asien	**10,862**	**30,460**	**49,930**	**14,681**	**37,450**	**61,262**
Japan	5,217	11,896	27,502	9,408	22,138	41,161
Volksrep. China	3,680	13,500	14,000	2,850	11,000	12,000
Indien	1,965	4,154	6,950	1,732	3,339	6,413
Nordkorea	—	0,872	1,400	0,600	0,641	1,200
Australien	**1,899**	**2,928**	**4,292**	**2,276**	**3,740**	**5,556**

[1]) Quelle: Beilagen zu den Statistischen Vierteljahresheften. Letzte benutzte Veröffentlichung: Beilage zu I/1967. Die Zahlen auch für 1960 nach Beilage I/1967.

Ergänzung zu S. 413

Produktion von Roheisen und Rohstahl in % der Weltproduktion

Nebenstehende Tabelle erläutert in anderer Form die Tatsachen, die bei Erörterung der Produktion von Roheisen und Rohstahl (S. 18/19) bereits hervorgehoben wurden. Um das Wesentliche noch schärfer hervortreten zu lassen, fügten wir hier die Mittelwerte 1936/38 bei. Damals erzeugten die europäischen Länder mit freier Marktwirtschaft an Roheisen 41,20%, an Rohstahl 37,71% der Weltproduktion; im Jahre 1965 waren es noch 27,58% bzw. 27,75%. Die europäischen Länder mit staatlicher Planwirtschaft haben, wenngleich die absoluten Beträge nicht sonderlich hoch sind, ihren Anteil an der Weltproduktion etwas vergrößern können. Einen wesentlich größeren Anteil an der Weltproduktion gegenüber 1936/38 haben vor allem Japan (von 2,48% in 1936/38 auf 8,47% in 1965 bei Roheisen, von 4,70% auf 8,99% bei Rohstahl), China, Indien, Australien, Kanada, Brasilien und die Republik Südafrika aufzuweisen. Besonders beachtenswert ist die Steigerung in Japan; hier erhöhte sich der Anteil der Weltproduktion auch 1966 noch weiterhin: auf 9,85% bei Roheisen und auf 10,07% bei Rohstahl.

Roheisen- und Rohstahlerzeugung in % der Weltproduktion

Länder	Roheisen			Rohstahl		
	∅ 1936/38	1960	1965	∅ 1936/38	1960	1965
Europäische Länder mit freier Marktwirtschaft	**41,20**	**31,81**	**27,58**	**37,71**	**31,51**	**27,75**
davon BR Deutschland[2]	17,19	10,66	8,31	14,94	9,99	8,04
davon Großbritannien	8,41	6,63	5,46	9,60	7,24	5,99
davon Frankreich	7,22	5,80	4,86	5,60	5,07	4,28
davon Italien	0,93	1,12	1,69	1,73	2,48	2,76
Europäische Länder mit staatl. Planwirtschaft	**3,44**	**5,99**	**6,03**	**5,33**	**6,71**	**6,69**
davon Tschechoslowakei	1,49	1,94	1,78	1,52	1,98	1,87
davon Polen	0,79	1,76	1,65	1,08	1,96	1,98
UdSSR	**15,64**	**19,36**	**20,39**	**13,98**	**19,14**	**19,87**
Amerika	**32,63**	**28,21**	**28,34**	**35,74**	**29,88**	**30,35**
davon USA	31,59	25,29	24,82	34,60	26,94	26,61
davon Kanada	0,84	1,61	1,97	1,00	1,54	1,99
davon Brasilien	0,11	0,76	0,77	0,07	0,66	0,68
Afrika	**0,28**	**0,80**	**1,08**	**0,27**	**0,68**	**0,80**
Asien	**5,60**	**12,61**	**15,29**	**5,85**	**10,98**	**13,37**
davon Japan	2,48	4,93	8,47	4,70	6,49	8,99
davon VR China	1,14	5,59	4,31	0,34	3,22	2,62
davon Indien	1,74	1,72	2,11	0,74	0,98	1,38
Australien	**0,96**	**1,21**	**1,29**	**0,85**	**1,10**	**1,17**

[1]) Quelle: Beilagen zu den Statistischen Vierteljahresheften. Letzte benutzte Veröffentlichung: Beilage zu IV/1966.
[2]) ∅ 1936/38 Deutsches Reich.

Ergänzung zu S. 414

Eisenerzförderung

Entsprechend dem allgemeinen Aufschwung der Industriewirtschaft hat auch der Bedarf an Eisenerzen in den letzten Jahren beträchtlich zugenommen. Wie aus nebenstehender Tabelle ersichtlich, hat jedoch die Eisenerzförderung in *Europa* in dem Jahrzehnt 1955—1965 eine nicht annähernd so starke Steigerung erfahren wie in den übrigen Erdteilen. Hier ist sogar von 1960 auf 1965 bei einer Reihe von Ländern ein Rückgang zu verzeichnen (Frankreich, Großbritannien, BR Deutschland), eine relative Zunahme nur bei Schweden, Norwegen und Finnland, bei Spanien und den osteuropäischen Ländern. — In *Amerika* haben in der Eisenerzförderung Kanada, Brasilien, Chile, Peru und Mexiko erhebliche Fortschritte aufzuweisen. Der Großproduzent USA zeigt einen Rückgang der Förderung. Bei Venezuela hat der in 1955—1960 verzeichnete gewaltige Aufschwung des Eisenerzbergbaus in der Periode 1960—1965 nicht angehalten, der Ertrag ist aber noch immer sehr beträchtlich (1966: 17,8 Mio t). — Fast verdreifacht hat sich in dem Zeitraum 1955—1965 die Eisenerzförderung in *Asien*, dank vor allem der Steigerung in China, Indien (1966: 29,2 Mio t), Malaysia und Korea. — Fast auf das Doppelte gestiegen ist die Produktion von Eisenerz in *Australien* (1966: 7,4 Mio t). — Mehr als verdreifacht hat sich von 1955 auf 1965 die Förderung von Eisenerz in *Afrika*. Hier hat der Bergbau in Liberia einen Umfang angenommen, dessen weitreichende sozialgeographische und staatsfinanzielle Folgen jüngst W. SCHULZE dargestellt hat („Die Erde", 1967, S. 31—60). Bis 1951, dem Beginn der Erzproduktion, war die Firestone Plantations Company mit den angeschlossenen Firmen der wichtigste Arbeitgeber, Produzent, Importeur und Exporteur von Liberia, und die Kautschukausfuhr hatte damals einen Anteil von 88,1% am Gesamtexport. Im Jahre 1962 blieb im Export Kautschuk wertmäßig zum ersten Mal hinter Eisenerz zurück. Jetzt bestreitet Eisenerz rd. 66% des Gesamtexportwertes. Die Förderung von Eisenerz in Liberia ist noch immer im Steigen; 1966 belief sie sich auf 17 Mio t. —

Großexporteure von Eisenerz sind in Europa Schweden, Frankreich und Spanien, in Afrika Liberia, Mauretanien, Algerien und Sierra Leone, in Amerika Venezuela, Kanada, Brasilien, Chile und Peru, in Asien Indien und Malaysia.

Die *Länder mit großer Einfuhr von Eisenerz* sind die USA, Japan, BR Deutschland, Belgien-Luxemburg, Großbritannien, Italien und die Niederlande.

Eisenerzförderung in Mio t[1])

Reihenfolge nach dem Eiseninhalt der 1965 geförderten Eisenerze

Länder	1955	1960	1965		Fe-Gehalt % im Mittel
	Erzmenge	Erzmenge	Erzmenge	Eiseninhalt	
Welt	**379,000**	**496,700**	**604,000**	**315,660**	—
Europa	**127,736**	**159,328**	**154,242**	**56,810**	—
Frankreich	50,885	67,724	60,126	18,144	30
Schweden	17,451	21,317	29,485	17,691	60
Großbritannien	16,435	17,362	15,662	4,229	27
BR Deutschland	15,683	18,869	10,847	2,929	27
Spanien	3,708	5,493	5,788	2,720	47
Norwegen	1,383	1,892	2,790	1,697	61
Luxemburg	7,204	6,978	6,315	1,553	25
Österreich	2,838	3,542	3,536	1,132	32
Türkei	0,874	0,796	1,566	0,940	60
Jugoslawien	1,399	2,199	2,504	0,851	34
Polen	1,856	2,182	2,862	0,801	28
Rumänien	0,637	1,460	2,484	0,795	32
Tschechoslowakei	1,986	3,120	2,572	0,720	28
Bulgarien	0,113	0,412	1,801	0,648	36
Dt. Sowjetzone	1,664	1,642	1,650	0,495	30
Italien	2,151	2,138	1,368	0,451	30
Finnland	0,357	0,492	1,036	0,383	37
UdSSR	**71,862**	**106,541**	**153,000**	**88,740**	58
Amerika	**135,344**	**151,116**	**180,802**	**104,830**	—
USA	104,650	90,209	88,833	48,858	55
Kanada	14,772	19,372	34,215	18,476	54
Brasilien	3,382	9,345	18,000	12,240	68
Venezuela	8,304	19,490	17,496	11,197	64
Chile	1,537	6,041	12,132	7,764	64
Peru	1,764	5,232	6,250	4,125	66
Mexiko	0,712	0,870	3,041	1,673	55
Afrika	**11,973**	**15,795**	**37,705**	**22,700**	—
Liberia	1,800	3,275	15,070	9,040	60
Mauretanien[2])	—	—	6,040	3,925	65
Rep. Südafrika	1,993	3,071	5,816	3,780	65
Algerien	3,598	3,444	3,131	1,628	52
Sierra Leone	1,368	1,563	2,381	1,286	54
Südrhodesien	0,084	0,159	1,288	0,824	64
Tunesien	1,140	1,033	1,117	0,603	54
Marokko	1,042	1,577	0,951	0,561	59
Angola[3])	—	0,658	0,815	0,505	62
Asien	**25,806**	**59,190**	**71,231**	**38,261**	—
Volksrep. China	15,300	30,000	31,000	15,500	50
Indien	5,857	16,223	23,385	13,563	58
Malaysia	1,489	5,731	6,982	3,910	56
Korea	0,030	3,389	5,000	2,500	50
Japan	1,559	2,459	2,475	1,410	57
Philippinen	1,433	1,130	1,438	0,820	57
Australien-Ozeanien	**3,630**	**4,747**	**6,997**	**4,319**	—
Australien	3,630	4,425	6,694	4,150	65

[1]) Quelle: Beilagen zu den STATISTISCHEN VIERTELJAHRESHEFTEN. Letzte benutzte Ausgabe: Beilage zu IV/1966.

[2]) Die erste Veröffentlichung für Mauretanien erfolgte 1962 mit 650000 t.

[3]) Die erste Veröffentlichung für Angola erfolgte 1956 mit 15000 t.

Ergänzung zu S. 418

Walzstahl-Fertigerzeugnisse

In dem Zeitraum 1960/65 hat auch die Produktion von Walzstahl-Fertigerzeugnissen allenthalben zugenommen. Hinsichtlich des Ausmaßes dieser Steigerung ergibt sich wiederum jene Differenzierung, die uns auch sonst bereits des öfteren bei der Eisen-Stahl-Industrie begegnete. Im Bereich der europäischen Staaten ist die Zunahme der Produktion relativ bescheiden, am beachtlichsten bei Italien, Belgien, Polen, der Tschechoslowakei, Schweden und Spanien. Gewaltig ist die Steigerung in diesem Jahrfünft bei Japan (um 16,146 Mio t), bei den USA (um 19,139 Mio t) und bei der UdSSR (um 20,932 Mio t). Eine erhebliche Zunahme ist bei Kanada (um 2,857 Mio t) und bei Australien (um 1,536 Mio t) festzustellen. Immerhin beachtlich ist die Steigerung bei der Republik Südafrika (um 0,854 Mio t) und bei Brasilien (um 0,757 Mio t).

Wie die nebenstehende Zahlenfolge zeigt, ist *Japan 1965 nächst den Vereinigten Staaten und der Sowjetunion der stärkste Produzent von Walzstahl-Fertigerzeugnissen.* Während 1960 noch die BR Deutschland und Großbritannien vor Japan rangierten, hat die industrielle Großmacht des Fernen Ostens in diesem Punkte jetzt sämtliche Industriestaaten Westeuropas überrundet.

Produktion von Walzstahl-Fertigerzeugnissen[1])

In Mio t, Reihenfolge nach der Produktion 1965

Länder	Produktion		Länder	Produktion	
	1960	1965		1960	1965
BR Deutschland	22,363	24,568	USA	68,211	87,350
Großbritannien	17,375	19,433	Kanada	3,742	6,599
Frankreich	12,878	14,547	Brasilien	1,563	2,320
Italien	6,239	9,085	Mexiko	0,962	1,660
Belgien	4,875	6,694	Argentinien	0,695	1,300
Polen	4,222	5,934	Chile	0,281	0,340
Tschechoslowakei	4,094	5,253	Kolumbien	0,113	0,210
Luxemburg	3,013	3,373	Venezuela	0,051	0,200
Schweden	1,993	3,109			
Spanien	0,816	2,737	Japan	17,152	33,298
Dt. Sowjetzone	2,366	2,682	China	8,300	8,400
Österreich	2,079	2,283	Indien	2,118	4,274
Niederlande	1,424	2,101	Nordkorea	0,474	0,900
Rumänien	0,959	1,950			
Ungarn	1,319	1,856	Rep. Südafrika	1,446	2,300
Jugoslawien	0,953	1,236			
			Australien	2,574	4,110
UdSSR	42,268	63,200	Welt	239,000	326,000

[1]) Quelle: Beilagen zu den Statistischen Vierteljahresheften. Letzte benutzte Veröffentlichung: Beilage zu II/1966.

Ergänzung zu S. 471

Die Maschinenausfuhr

Die Rangfolge der wichtigsten Maschinenproduzenten für den Weltmarkt hat sich im letzten Jahrzehnt nur unwesentlich verändert. Zwischen 1955 und 1965 ist die Bundesrepublik an die zweite Stelle hinter die Vereinigten Staaten und vor Großbritannien gerückt. Abgesehen von der erheblichen Steigerung der Ausfuhrwerte läßt die Tabelle die *zunehmende Bedeutung der EWG-Länder* für die Belieferung des Weltmarktes erkennen. 1955 entfielen 30,0%, 1965 bereits 38,8% der Ausfuhren auf diese Länder, wobei allerdings die Ausfuhren innerhalb dieses Wirtschaftsblockes eingeschlossen sind. Demgegenüber ging der Anteil der EFTA-Länder im gleichen Zeitraum von 29,3 auf 25,3%, der Anteil Nordamerikas von 38,9 auf 32,2% zurück. Diese Angaben berücksichtigen allerdings nicht den Außenhandel der Comecon-Länder, für die keine Vergleichsdaten vorliegen.
Der Exportanteil der Maschinenbauindustrie ist in den einzelnen Ländern verschieden groß. Gemessen am Wert der Produktion lag dieser Anteil in der Bundesrepublik Deutschland 1960 bei 38,0%, erreichte 1964 mit 41,4% einen Höchstwert und sank im Jahre 1965 auf 40,5% ab. Für die große volkswirtschaftliche Bedeutung dieses Industriezweiges sind außer ihren Devisenerlösen auch die hohen Beschäftigtenzahlen von Bedeutung. Am Jahresende 1965 waren in der Bundesrepublik Deutschland 1,09 Mio Beschäftigte, das sind 12,9% der gesamten Industriebeschäftigten, im Maschinenbau tätig, der damit an erster Stelle vor Elektro- und Textilindustrie steht.

Wert der Maschinenausfuhr

Reihenfolge nach dem Export im Jahre 1965[1])

Ausfuhrland	1960		1964		1965	
	Mio $	%	Mio $	%	Mio $	%
USA	3299,7	32,7	4730,3	31,1	5106,4	30,1
BR Deutschland .	2210,7	21,9	3509,9	23,1	3807,8	22,5
Großbritannien . .	1687,3	16,7	2287,6	15,1	2452,7	14,5
Frankreich . . .	562,0	5,6	804,3	5,6	1008,9	5,9
Italien	517,6	5,1	829,0	5,5	1001,0	5,9
Schweiz	422,5	4,2	604,2	4,0	669,5	3,9
Schweden	360,5	3,6	599,8	3,9	647,6	3,8
Japan	207,5	2,1	473,4	3,1	620,8	3,7
Belgien-Luxemburg	170,6	1,7	270,3	1,8	391,0	2,3
Niederlande . . .	196,5	2,0	307,9	2,0	368,8	2,2
Kanada	167,9	1,7	328,0	2,2	351,0	2,1
Dänemark	156,3	1,6	234,7	1,5	279,5	1,6
Österreich	94,4	0,9	156,3	1,0	180,7	1,1
Norwegen	24,2	0,2	54,8	0,4	63,8	0,4
Insgesamt[2]) . . .	10077,7	100,0	15190,5	100,0	16949,5	100,0

[1]) Quelle: STATISTISCHES HANDBUCH FÜR DEN MASCHINENBAU, Ausgabe 1966, S. 418/419.
[2]) Ohne Maschinenausfuhr aus den COMECON-Ländern.

Ergänzung zu S. 473

Die Hauptpartner im Maschinen-Außenhandel

Im Maschinen-Außenhandel nehmen die Vereinigten Staaten, die Bundesrepublik Deutschland und Großbritannien die führende Stellung auf dem Weltmarkt ein. Der Anteil dieser Länder am Gesamtwert der Maschinenausfuhren sank zwar von 75,3% im Jahre 1955 auf 67,1% im Jahre 1965, zugleich stieg der Gesamtwert ihrer Maschinenausfuhren jedoch von 4,5 auf 11,4 Mrd. $ an. Trotz dieser Veränderungen hat sich die Rangfolge der wichtigsten Handelspartner dieser Länder nur geringfügig verändert. In den Vereinigten Staaten ist der Anteil Kanadas an den Ausfuhren von 25 auf 26% gestiegen, während Großbritannien, Mexiko und die Bundesrepublik Deutschland jeweils 4 bis 6% aufnahmen. Auch bei den Einfuhren nehmen Kanada mit 29%, die Bundesrepublik und Großbritannien mit zusammen 38% eine führende Stellung im Maschinen-Außenhandel der Vereinigten Staaten ein. Für die Bundesrepublik Deutschland liegen die wichtigsten Abnehmerländer dagegen in Westeuropa. Frankreich, die Niederlande, Belgien, Luxemburg und Großbritannien nehmen allein 37% der Exporte auf, mit Ausnahme der Vereinigten Staaten liegen die neun wichtigsten Außenhandelspartner der Bundesrepublik im Maschinenhandel in Europa. Das gilt auch für die Einfuhren, obwohl die Vereinigten Staaten mit 21% hier an erster Stelle stehen. Ein ganz anderes Bild zeigt die Rangfolge der Handelspartner Großbritanniens. Unter den vier wichtigsten Absatzländern, die insgesamt 26% der Ausfuhren abnehmen, befinden sich außer den Vereinigten Staaten drei Länder des Commonwealth. Die Maschineneinfuhren Großbritanniens stammen zu 34% aus den Vereinigten Staaten und zu 24% aus der Bundesrepublik Deutschland, mit Ausnahme der USA liegen die elf wichtigsten Bezugsgebiete in Westeuropa.

Gegenüber dem Außenhandel mit den westeuropäischen und nordamerikanischen Ländern spielen der Ostblock und die Entwicklungsländer immer noch eine sehr geringe Rolle als Absatzgebiete für die Maschinenindustrie der führenden Produzenten. *Der Austausch zwischen den Industrienationen hat in stärkerem Maße zugenommen als die Belieferung dieser Staatengruppe.*

Die Hauptpartner im Maschinen-Außenhandel 1965[1])

Werte in Mio $

USA		BR Deutschland		Großbritannien	
Gesamte Maschineneinfuhr	**1122,032**	**Gesamte Maschineneinfuhr**	**1077,890**	**Gesamte Maschineneinfuhr**	**1009,932**
Darunter aus:		Darunter aus:		Darunter aus:	
Kanada	321,382	USA	229,008	USA	342,222
BR Deutschland	227,961	Frankreich	189,064	BR Deutschland	238,879
Großbritannien	199,329	Schweiz	126,887	Frankreich	65,870
Japan	97,962	Großbritannien	120,292	Schweiz	64,646
Italien	59,298	Italien	107,516	Belgien-Luxembg.	55,908
Schweiz	50,656	Niederlande	71,275	Schweden	54,796
Schweden	47,032	Schweden	58,422	Italien	47,634
Frankreich	37,567	Belgien-Luxembg.	53,359	Niederlande	35,955
Belgien-Luxembg.	23,926	Österreich	36,069	Kanada	23,388
Niederlande	23,579	Dänemark	32,791	Dänemark	20,605
Dänemark	8,993			Irland	11,080
Österreich	5,190			Japan	9,640
				Norwegen	6,084
Gesamte Maschinenausfuhr	**5106,384**	**Gesamte Maschinenausfuhr**	**3807,775**	**Gesamte Maschinenausfuhr**	**2452,736**
Darunter nach:		Darunter nach:		Darunter nach:	
Kanada	1340,456	Frankreich	465,829	Australien	203,056
Großbritannien	320,442	Niederlande	279,300	Rep. Südafrika	169,120
Mexiko	281,808	Belgien-Luxembg.	230,825	USA	150,553
BR Deutschland	223,197	Großbritannien	226,025	Indien	114,901
Frankreich	208,924	USA	213,350	BR Deutschland	110,726
Australien	205,801	Schweiz	211,775	Frankreich	105,347
Japan	200,412	Italien	201,800	Kanada	104,076
Venezuela	157,097	Österreich	191,050	Niederlande	84,484
Rep. Südafrika	148,510	Schweden	161,975	Schweden	83,810
Indien	138,204	Spanien	150,900	Spanien	67,950
Belgien-Luxembg.	106,727	Indien	113,900	Irland	66,679
Niederlande	99,514	Dänemark	94,500	Belgien-Luxembg.	63,924
Spanien	91,758	Japan	73,575	Neuseeland	60,757
Italien	82,437	Rep. Südafrika	67,900	Dänemark	51,643
Peru	76,555	Finnland	62,975	Finnland	46,054
Chile	75,226	Norwegen	54,625	Pakistan	45,077
Brasilien	70,298	UdSSR	49,375	Italien	44,318
Schweden	69,326	Australien	49,125	UdSSR	43,784
Philippinen	62,606	Pakistan	47,900	Malaysia	42,426
Argentinien	62,606	Mexiko	46,575	Japan	38,329
Pakistan	46,996	Griechenland	39,450	Norwegen	37,344
Iran	44,230	Kanada	39,250	Iran	35,571
Kolumbien	44,133	Jugoslawien	37,775	Nigeria	33,835
Schweiz	43,729	Portugal	35,890	Mexiko	28,218
Türkei	38,266	Iran	33,150	Schweiz	28,084
		Ägypten	27,750	Jugoslawien	24,990
		Türkei	25,475	Österreich	23,274
		Brasilien	25,100	Griechenland	22,666
		Argentinien	23,750	Hongkong	22,487

[1]) Quelle: Statistisches Handbuch für den Maschinenbau, Ausgabe 1966, S. 422—23, 441—43.

Ergänzung zu S. 487

Weltproduktion von Kraftwagen

Die Weltproduktion von Kraftwagen ist im Zeitraum 1960 bis 1965 um 58% gestiegen. Den größten absoluten Zuwachs verzeichnen die Vereinigten Staaten mit 3,2 Mio Kraftwagen, das sind mehr als die gesamte Produktion der Bundesrepublik Deutschland im Jahre 1965. Während sich die Zuwachsraten in der Bundesrepublik und in Großbritannien weiterhin verlangsamt haben, konnte Japan seine Produktion innerhalb von 5 Jahren mehr als verdreifachen und von der siebenten an die vierte Stelle der Produzenten rücken. In der Herstellung von Nutzkraftwagen steht Japan sogar an der zweiten Stelle hinter den Vereinigten Staaten. Kein anderes Land unter den führenden Produzenten verzeichnet einen derart hohen Anteil (63%) der Nutzkraftwagen an der gesamten Produktion wie Japan.
In der Tabelle wird die Montage eingeführter Fertigteile nicht als Kraftwagenproduktion geführt. In zunehmendem Maße stellen sich die Montagebetriebe der führenden Hersteller jedoch auf die Produktion im Ausland um. Zugleich ist die Zahl ausländischer Zweigwerke beträchtlich gestiegen. Als Beispiel sei auf die Sowjetunion hingewiesen, die im Juni 1966 einen Vertrag mit den italienischen FIAT-Werken zur Lieferung von Werksanlagen im Wert von 3,5 Milliarden DM abgeschlossen hat. Das bei Dnjepopetrowsk im Bau befindliche Werk soll eine Kapazität von 600000 Fahrzeugen im Jahr erreichen und wesentlich zur Massenmotorisierung der Sowjetunion beitragen.

Weltproduktion von Kraftwagen[1])

Maßeinheit: Stückzahl. Reihenfolge nach der Produktion im Jahre 1965

Länder	Personenkraftwagen			Nutzkraftwagen (Lastkraftwagen, Kraftomnibusse usw.)			Kraftwagen insgesamt		
	1960	1964	1965	1960	1964	1965	1960	1964	1965
USA	6703108	7745492	9335227	1202011	1562368	1802603	7905119	9307860	11137830
BR Deutschland	1816779	2650183	2733732	238370	259474	242745	2055149	2909657	2976474
Großbritannien .	1357728	1867640	1722045	457972	464736	455216	1810700	2332376	2177261
Japan[2])	165094	579660	696176	316457	1122809	1179438	481551	1702469	1875614
Frankreich . .	1155251	1384112	1364105	193909	223484	185899	1349160	1607596	1550004
Italien	595907	1007321	1089201	48710	61148	71616	644617	1068469	1160817
Kanada	325752	559320	709568	70569	110126	144363	396321	669446	853931
UdSSR	138822	185200	201000	384769	417900	415000	523591	603100	616000
Australien . . .	168901	340614	334953	46489	71136	72643	215390	411750	407596
Spanien	41000	119000	159145	15200	60520	73520	56200	173520	232665
Schweden . . .	108382	161957	181755	20145	22227	23818	128527	184184	205573
Argentinien . .	[4])	114619	133734	?	51864	60802	?	166483	194536
Brasilien . . .	[4])	97611	103425	?	85590	82220	?	183201	185645
Belg.-Luxembg.	?	60970	169063	?	2097	6440	?	63067	175503
Dt. Sowjetzone .	64071	93095	102877	12864	11755	15179	76935	104850	118056
Tschechoslowakei	56000	42000	77705	16150	12000	11607	72150	54000	89312
Indien	19097	23227	23100	32567	43908	46400	51664	67135	69500
Polen	?	20550	26400	?	34259	34150	?	54809	60550
Jugoslawien . .	?	27854	35880	?	9081	9572	?	36935	45452
Niederlande . .	15210	29748	29926	4129	6460	6135	19339	36208	36061
Ungarn	—	—	—	?	6248	7131	?	6248	7131
Österreich . . .	15025	3283	2383	5285	4860	3915	20310	8143	6298
Finnland . . .	—	—	—	—	1400	1500	—	1400	1500
Schweiz	—	—	—	—	1200	1000	—	1200	1000
Erfaßte Länder zus.[3])	12765000	17113000	19231000	3341000	4647000	4953000	15907000	21760000	24184000

[1]) Quelle: Tatsachen und Zahlen aus der Kraftverkehrswirtschaft, 26. Folge (1962, S. 294) und 30. Folge (1966, S. 292), Frankfurt. Die Zahlen betreffen nur die Herstellung von fertigen oder als fertig geltenden zerlegten Fahrzeugen, nicht die Montage eingeführter zerlegter Fahrzeuge.

[2]) Ohne Dreirad-Kraftfahrzeuge.

[3]) Geschätzt, Endergebnis abgerundet.

[4]) Argentinien 1960 insgesamt 89000, Brasilien insgesamt 134000 Kraftwagen, die vermutlich teilweise in den Produktionszahlen anderer Länder mit enthalten sind.

Ergänzung zu S. 489

Kraftwagen-Export wichtiger Länder

Die folgende Zusammenstellung der Kraftwagenexporte führender Ausfuhrländer kann nach der zeitlichen Entwicklung der Ausfuhren, der Rangfolge unter den führenden Ländern und dem Anteil der verschiedenen Kraftfahrzeugarten ausgewertet werden. In der Rangfolge der Ausfuhrländer ist die zunehmende Bedeutung Japans, das zwischen 1960 und 1965 von der siebenten auf die fünfte Stelle emporrückte, und das Zurückfallen der Vereinigten Staaten von der vierten auf die sechste Stelle bemerkenswert. In beiden Ländern hat sich die Zusammensetzung der Exporte beträchtlich geändert. Im Gegensatz zu den führenden europäischen Ausfuhrländern überwog in Japan und in den Vereinigten Staaten 1960 noch die Ausfuhr von Nutzkraftwagen mit 81 bzw. 64%. Diese Anteile sanken bis 1965 unter 50%, wobei Japan allerdings eine Verdreifachung, die USA einen Rückgang der Ausfuhr von Nutzkraftwagen auf ein Drittel zu verzeichnen hatten. Gegenüber diesen Ländern hat sich die Bundesrepublik Deutschland zunehmend auf die Ausfuhr von Personenkraftwagen spezialisiert.

Anteil von Personenkraftwagen am Kraftwagen-Export wichtiger Länder[1]) (%)

Länder	1960	1964	1965
BR Deutschland[2])	88,3	92,1	93,0
Großbritannien	79,4	80,0	79,2
Frankreich	88,4	91,2	92,8
Italien[3])	97,2	94,5	94,0
Japan[4])	18,7	44,5	51,8
USA[5])	36,4	52,8	63,4
Schweden	81,0	83,5	86,0
Kanada	83,1	73,9	87,8
Niederlande	83,6	86,5	86,9
Österreich	33,5	13,2	16,8

[1]) Quelle: Tatsachen und Zahlen aus der Kraftverkehrswirtschaft, 30. Folge, Frankfurt a. M. 1966, S. 293.
[2]) Nur fabrikneue Fahrzeuge.
[3]) Einschließlich Ausfuhr von Fahrzeugteilen, umgerechnet auf Fahrzeugeinheiten.
[4]) Ohne Reparationslieferungen, aber einschließlich Verkäufe an US-Militärdienststellen.
[5]) 1965 ohne die in Teilen ausgeführten Fahrzeuge.

Kraftwagen-Export wichtiger Länder[1])

Maßeinheit: Stückzahl. Reihenfolge nach dem Export im Jahre 1965.

Länder	Personenkraftwagen und Kombinationskraftwagen			Nutzkraftwagen (Lastkraftwagen, Kraftomnibusse usw.)			Kraftwagen insgesamt		
	1960	1964	1965	1960	1964	1965	1960	1964	1965
BR Deutschland[2])	865341	1377866	1419131	117489	121098	108123	982830	1498964	1527254
Großbritannien .	569916	679383	627567	146134	168606	166189	716050	847989	793756
Frankreich . .	491978	444193	488718	63901	42214	37280	555879	486407	525998
Italien[3])	197935	313088	307534	6000	18034	19197	203935	331122	326731
Japan[4])	7004	66965	100716	30462	83456	93452	37466	150421	194168
USA[5])	117126	166314	106038	205493	148855	61686	322599	315169	167724
Schweden . . .	49131	73125	84186	11419	14597	13790	60550	87722	97976
Kanada	17184	38261	77870	3436	13563	10705	20620	51824	88575
Niederlande . .	8300	14155	14210	1641	2177	2181	9941	16332	16391
Österreich . . .	546	197	191	1087	1296	945	1633	1493	1136

1)—5) Fußnoten vgl. nebenstehende Tabelle.

Ergänzung zu S. 490

Absatzgebiete von Kraftwagen

Eine Zusammenstellung der Absatzgebiete von Kraftwagen aus den führenden Erzeugerländern zeigt erhebliche Unterschiede in der Exportorientierung der einzelnen Länder. Bei den europäischen Produzenten überwiegt der Export in den europäischen Raum, die übrigen Absatzgebiete haben jedoch sehr unterschiedliche Exportanteile. So wird in der Tabelle die erhebliche Bedeutung des australisch-ozeanischen und des afrikanischen Absatzmarktes für Großbritannien und der hohe Anteil französischer Exporte nach Afrika deutlich. Betrachtet man die Veränderungen im Anteil der Absatzgebiete zwischen 1960 und 1965, so fällt die für alle Erzeugerländer zunehmende Bedeutung Europas als Absatzgebiet und der starke Rückgang des US-amerikanischen Anteils auf. Lediglich für die Bundesrepublik Deutschland ist der Prozentsatz von Lieferungen an die Vereinigten Staaten gestiegen, zugleich gingen jedoch die Anteile der afrikanischen, asiatischen und australisch-ozeanischen Bezugsländer von zusammen 16,8% im Jahre 1960 auf 9,6% im Jahre 1965 zurück.

Für den rasch ansteigenden japanischen Kraftwagenexport ist der australisch-ozeanische Markt, der 1965 bereits ein Viertel der japanischen Ausfuhren aufnahm, innerhalb weniger Jahre von erheblicher Bedeutung geworden, im Umfang der Lieferungen wird Japan hier jedoch von Großbritannien bei weitem übertroffen. Der Anteil der Vereinigten Staaten an der gesamten japanischen Ausfuhr ging innerhalb von 5 Jahren von 50,4 auf 18,4% zurück. Ein Vergleich der beiden Aufstellungen nach der Bedeutung der einzelnen Absatzgebiete für die Erzeugerländer und nach der Veränderung des Exportanteils in diese Räume zeigt, *daß der Kraftwagenexport raschen und tiefgreifenden Veränderungen unterworfen ist.*

Absatzgebiete von Kraftwagen 1965[1])

Anzahl der Kraftwagen

Ausfuhr aus	nach Europa	nach Amerika insgesamt	nach Amerika USA	nach Amerika Kanada	nach Afrika	nach Asien	nach Australien u. Ozeanien	Ausfuhr insgesamt
BR Deutschland[2])	865751	500912	412295	39559	79358	55863	10932	1527254[3])
Großbritannien	335978	145742	74109	32930	127611	64022	120403	793756
Frankreich[2])	364039	69835	31394	10138	71427	13798	6899	525998
Italien[2])	255074	24549	10059	1282	23571	17187	5189	326731[3])
Japan[4])	16461	54580	35692	5963	21590	53881	47576	194168[3])
USA	28648	111393	—	53091	7925	34006	2787	184759

Absatzgebiete von Kraftwagen 1960 und 1965[1])

in %

Ausfuhr aus	nach Europa		nach Amerika insgesamt		nach Amerika USA		nach Afrika		nach Asien		nach Australien u. Ozeanien	
	1960	1965	1960	1965	1960	1965	1960	1965	1960	1965	1960	1965
BRDeutschland[2])	50,8	56,7	31,4	32,8	21,2	27,0	9,0	5,2	4,1	3,7	3,7	0,7
Großbritannien	23,0	42,3	38,8	18,4	18 8	9,3	14,8	16,1	8,7	8,1	14,7	15,2
Frankreich[2])	47,8	69,2	24,6	13,3	15,8	5,9	21,9	13,6	2,4	2,6	3,4	1,3
Italien[2])	69,0	78,1	15,9	7,5	8,0	3,1	6,2	7,2	6,4	5,3	2,2	1,6
Japan[4])	0,4	8,5	63,5	28,1	50,4	18,4	4,0	11,1	28,5	27,7	2,0	24,5
USA	12,6	15,5	67,4	60,3	—	—	7,2	4,3	15,2	18,4	1,2	1,5

1) Quelle: Tatsachen und Zahlen aus der Kraftverkehrswirtschaft, 29. Folge, Frankfurt a. M. 1965.
2) Einschließlich der in zerlegtem Zustand gelieferten Fahrzeuge.
3) Einschließlich der Lieferung an Ausländer im Inland.
4) Ohne Dreirad-Kraftwagen.

Ergänzung zu S. 492—493

Export von Kraftwagen aus der Neuproduktion der Bundesrepublik Deutschland

In Ergänzung der vorangehenden Tabelle gibt die folgende Zusammenstellung eine Aufschlüsselung der Absatzgebiete von Kraftwagen aus der Neuproduktion der Bundesrepublik Deutschland nach Ländern. In der Rangfolge der Bestimmungsländer stehen die Vereinigten Staaten mit 27,0% der Exporte im Jahre 1965 an erster Stelle, die folgenden acht Plätze werden von europäischen Ländern eingenommen. In den überseeischen Absatzgebieten erreichen nur wenige Länder Abnahmequoten von mehr als 10000 Kraftfahrzeugen. Vergleicht man die Ausfuhren von 1960 mit denen von 1965, so fällt der erhebliche Rückgang der Exporte in die meisten der amerikanischen Verbraucherländer und in den australischen Raum auf. Zugleich haben die Exporte in die asiatischen Länder mit Ausnahme Indonesiens beträchtlich zugenommen. Unter den lateinamerikanischen Ländern verlief die Entwicklung dagegen sehr uneinheitlich, wenn auch bei den wichtigsten Abnehmern eine Zunahme der Ausfuhren zu verzeichnen ist. Faßt man die wichtigsten Absatzgebiete Europa und Vereinigte Staaten zusammen, dann hat sich ihr Anteil an den Kraftfahrzeugexporten von 72,0% im Jahre 1960 auf 83,7% im Jahre 1965 gesteigert. Während die Ausfuhren in europäische Länder und in die Vereinigten Staaten insgesamt um 79,5% ansteigen, nahmen die Exporte in alle übrigen Abnehmerländer um 8,2% ab. Diese Angaben machen eine erhebliche Verlagerung in der Absatzorientierung deutlich.

Export von Kraftwagen

(einschließlich Straßenzugmaschinen) aus der Neuproduktion der BR Deutschland[1])

Anzahl

Verbrauchs- bzw. Bestimmungsländer	1960	1964	1965
Europa	499296	875136	865751
Schweden	88137	132434	142273
Niederlande	44681	109468	121152
Belgien	80371	110826	112663
Frankreich	20582	105332	81946
Österreich	55090	67490	70340
Schweiz	51936	69772	64938
Italien	14718	73694	63713
Dänemark	58771	63246	58457
Finnland	12758	35018	41926
Norwegen	22431	34039	31987
Großbritannien	19260	37768	31759
Portugal	10479	12252	16270
UdSSR	49	100	116
Amerika	308205	456524	500912

Verbrauchs- bzw. Bestimmungsländer	1960	1964	1965
USA²)	212114	369489	412295
Kanada	37485	36955	39559
Mexiko	10402	18950	14523
Venezuela	8072	7747	11516
Peru	2917	5014	7411
Guatemala	713	1608	1559
Chile	5242	1112	1346
Salvador	977	1472	1211
Franz. Antillen	176	800	1077
Panama	1350	1056	1033
Kolumbien	2095	788	922
Paraguay	453	707	875
Afrika	86830	86788	79358
Südafrika	46295	50128	43388
Nigeria	5545	6508	5737
Libyen	1998	2688	4102
Kenia, Uganda	3795	2908	3553
Kanar. Inseln	1405	2170	2654
Kongo (Leopoldville)	2735	2261	2058
Äthiopien	1045	1576	1801
Vereinigte Arabische Republik (Ägypten)	4532	2096	1355
Mosambik	1594	1342	1200
Elfenbeinküste	?	1085	1116
Ghana	4026	924	1094
Südrhodesien, Sambia, Malawi	2927	1675	1050
Marokko	1759	1797	887
Asien	39631	53963	55863
Singapur, Malaiischer Bund, Brunei, Nordborneo, Sarawak	4783	5672	7441
Iran	6301	5712	6719
Japan	2081	7385	6532
Philippien	1829	4722	4303
Libanon	4086	3595	4266
Thailand	1715	3925	3711
Israel	333	4174	3709
Kuweit	1648	3053	3454
Hongkong	1479	2392	2643
Pakistan	1645	1916	2606
Saudi-Arabien	1306	3173	2570
Irak	1663	1801	2469
Indonesien	2218	2285	983
Australien-Ozeanien	36707	14393	10932
Australien	34472	12977	9159
Neuseeland	1733	688	632
An Ausländer im Inland	12161	12160	14438
Insgesamt	982830	1498964	1527254

¹) Quelle: Tatsachen und Zahlen aus der Kraftverkehrswirtschaft, 30. Folge, Frankfurt a. M. 1966, S. 96—99.

²) Einschließlich Puerto Rico.

Ergänzung zu S. 495

Zahl der Einwohner je Kraftwagen

Die Zahl der Einwohner je Kraftwagen kann als Kennwort für den Grad der Motorisierung eines Landes benutzt werden. Ein Vergleich der entsprechenden Zahlenwerte für die Jahre 1960 und 1965 zeigt erhebliche Unterschiede in der Entwicklung der Motorisierung. In Japan, Italien, Spanien und Jugoslawien war die Zahl der Einwohner je Kraftwagen 1965 höchstens halb so groß wie fünf Jahre zuvor, eine nahezu gleich starke Motorisierung erlebten Griechenland, die Bundesrepublik Deutschland und die Niederlande. In den meisten Entwicklungsländern, von denen nur wenige in der Tabelle aufgeführt sind, hat sich der Kraftfahrzeugbestand insgesamt und im Verhältnis zur Einwohnerzahl zwar beträchtlich vergrößert, bis auf wenige Ausnahmen entfallen hier aber noch immer mehr als hundert, in vielen Ländern zweihundert Einwohner auf ein Kraftfahrzeug.

Zahl der Einwohner je Kraftwagen 1960 und 1965[1])

Land	1960	1965	Land	1960	1965
USA	2,4	2,2	Portugal	42	30
Kanada	3,4	3,1	Spanien	68	26
Australien	3,6	3,1	Mexiko	43	37
Neuseeland	3,4	3,1	Algerien	42	39
Schweden	5,7	4,2	Tschechoslowakei	52	39
Frankreich	6,4	4,9	Dt. Sowjetzone	58	44
Großbritannien	7,2	5,3	Brasilien	57	45
Dänemark	8,2	5,3	UdSSR	56	52
BR Deutschland	11	6,0	Griechenland	103	58
Schweiz	9,2	6,2	Kolumbien	78	68
Belgien-Luxemburg	9,5	6,5	Jugoslawien	202	90
Norwegen	10	6,8	Polen	119	92
Irland	12	9,0			
Österreich	14	9,0	Ungarn	177	125
Finnland	18	10	Türkei	246	186
Niederlande	16	8,7	Ägypten	287	222
Italien	21	9,8			
			Indonesien	509	386
Rep. Südafrika	13	12	Indien	751	718
Argentinien	26	16			
Japan[2])	53	17			
Venezuela	18	16	Gesamtdurchschnitt für sämtliche Länder der Erde	23	19

[1]) Quelle: Tatsachen und Zahlen aus der Kraftverkehrswirtschaft, 26. Folge 1962, S. 332 und 30. Folge 1966, S. 336.
[2]) Einschließlich Dreirad-Kraftfahrzeuge.

Ergänzung zu S. 496

Kraftfahrzeugbestand

Der Bestand an Kraftwagen hat sich zwischen 1960 und 1965 insgesamt um mehr als 39 Mio (31%) erhöht. Die höchsten absoluten Zunahmen verzeichnen dabei außer den Vereinigten Staaten, auf die mit 12,7 Mio nahezu ein Drittel der gesamten Bestandsvermehrung auf der Welt entfallen, die Bundesrepublik Deutschland, Japan, Großbritannien, Italien und Frankreich. In Japan hat sich der Kraftwagenbestand innerhalb der genannten fünf Jahre nahezu verfünffacht, in Spanien verdreifacht und in Italien verdoppelt. Die folgende Zusammenstellung läßt in Ergänzung zur gegenüberstehenden Tabelle die unterschiedliche Entwicklung im Kraftwagenbestand ausgewählter Länder erkennen.

Veränderung im Kraftwagenbestand ausgewählter Länder 1960 bis 1965[1])

Länder	Zunahme an Kraftwagen	
	1000	%
Großbritannien	2917	40,3
Frankreich	2802	39,0
BR Deutschland	4632	92,3
Italien	2846	116,0
Schweden	490	37,2
Belgien-Luxemburg	494	49,1
Niederlande	675	94,0
Spanien	777	176,5
Schweiz	390	68,0
Dänemark	532	94,8
Österreich	294	58,3
Norwegen	187	52,3

Länder	Zunahme an Kraftwagen	
	1000	%
UdSSR	591	15,6
USA	12708	17,2
Kanada	1002	19,2
Brasilien	634	55,2
Argentinien	559	68,3
Mexiko	285	35,8
Rep. Südafrika	261	22,2
Japan	3864	218,0
Indien	119	22,2
Australien	722	25,1
Neuseeland	127	17,8
Welt	39242	30,8

[1]) Quelle: Vgl. folgende Tabelle.

[1]) Quelle: TATSACHEN UND ZAHLEN AUS DER KRAFTVERKEHRSWIRTSCHAFT, 30. Folge, 1966, Frankfurt a. M., S. 328—335. Grundlage: „1965 World Motor Census". Bei Europa und Amerika alle Länder mit mehr als 300000 Kraftwagen, sonst alle Länder mit mehr als 100000 Kraftwagen.

[2]) Einschließlich Dreirad-Kraftfahrzeuge.

Kraftfahrzeugbestand 1965[1])

Länder	Personen-kraftwagen	Last-kraftwagen	Kraft-omnibusse	Kraftwagen insgesamt
Europa				
Frankreich	7967500	1781200	46000	9794700
Großbritannien	8436200	1626200	99100	10161500
BR Deutschland	8689700	918000	38000	9645700
Italien	4674600	606200	24200	5305000
UdSSR	926000	3400000	65000	4391000
Schweden	1665800	133700	10100	1809600
Belgien-Luxemburg	1255500	235000	7900	1498400
Niederlande	1165000	220000	9500	1394500
Spanien	816000	380000	21000	1217000
Schweiz	864400	95600	3900	963900
Dänemark	661600	228000	3800	893400
Österreich	702000	91600	5700	799300
Norwegen	415500	123300	6100	544900
Finnland	388800	65600	6900	461300
Dt. Sowjetzone	200000	189000	4900	393900
Tschechoslowakei	240000	115000	4500	359500
Polen	163000	165000	12600	340600
Irland	259500	51000	1500	312000
Amerika				
USA	72233800	14068900	306300	86609000
Kanada	5037900	1162700	24200	6224800
Brasilien	985600	721000	77000	1783600
Argentinien	805700	553500	19100	1378300
Mexiko	687800	364100	29500	1081400
Venezuela	352400	136700	8900	498000
Afrika				
Rep. Südafrika	1099000	318200	20000	1437200
Algerien	207000	89000	3500	299500
Marokko	158000	57200	3300	218500
Rhodesien-Malawi-Zambia	155600	33500	1800	290900
Kenia-Uganda	68900	44700	2600	116200
Ägypten	91000	28000	9200	128200
Nigeria	52500	19500	1000	73000
Asien				
Japan	1672400	3875300[2])	93000	5640700
Indien	347000	243000	66000	656000
Malaysia	154200	57100	5100	216400
Philippinen	139300	82000	30600	251900
Indonesien	151000	83900	24500	259400
Volksrepublik China	32900	196000	7700	236600
Saudi-Arabien	48900	25000	1700	75600
Iran	74700	34800	3100	112600
Thailand	86100	67200	6100	159400
Ceylon	82600	27300	7600	117500
Israel	74700	34800	3100	112600
Pakistan	66000	28000	10000	104000
Australien-Ozeanien				
Australien	2173800	867400	16100	3597300
Neuseeland	679200	156800	3200	839200
Welt	130267200	35225500	1341900	166834600

Ergänzung zu S. 500

Die Schiffbauindustrie der wichtigsten Länder

Der Weltschiffbau der letzten Jahre zeichnet sich durch starke Zuwachsraten und wachsende Schiffsgrößen aus. Zugleich hat sich seit 1960 der *Vorsprung Japans gegenüber den übrigen Schiffbauländern* der Welt beträchtlich vergrößert. Gemessen an der Tonnage in BRT waren 1965 44%, 1966 bereits 47% aller von Stapel gelaufenen Handelsschiffe auf japanischen Werften gebaut, nahezu gleich groß ist der Anteil Japans an den Ablieferungen. Ein erheblicher Teil dieser Leistung entfällt auf den Bau von Großtankern und Massengutfrachtern, bei denen sich die Rationalisierung des Werftbetriebes in viel stärkerem Maße auswirkt als beim Bau von Fahrgast- und Linienschiffen. Die Aufwendungen an Arbeitsstunden je BRT bis zur Fertigstellung konnten in Japan von 112 Stunden im Jahre 1953 auf 58 im Jahre 1961 und 28 im Jahre 1964 gesenkt werden. Weitere Gründe für die japanische Vormachtstellung sind staatliche Förderungsmaßnahmen, technische Modernisierungen in den Großwerften und vergleichsweise niedrige Werftlöhne. 1966 lagen die durchschnittlichen Werftlöhne in den USA um 340%, in Großbritannien um 41 und in der Bundesrepublik Deutschland um 25% über den japanischen Löhnen.
In der Rangfolge der wichtigsten Schiffbauländer haben sich seit 1960 wesentliche Veränderungen ergeben, unter denen die zunehmende Bedeutung Schwedens und der Rückgang des Schiffbaues in den Vereinigten Staaten besonders hervortreten. Die Vereinigten Staaten sind zu einem bedeutenden Arbeitgeber für ausländische Werften geworden und haben im Zeitraum 1945 bis 1966 insgesamt 1229 Schiffe mit 22 Mio BRT im Ausland bauen lassen, darunter 46% der Tonnage in Japan und 20% in der Bundesrepublik.
Eine Aufschlüsselung der Schiffbauindustrie nach Schiffstypen macht deutlich, daß der Anteil der Tankertonnage am Auftragsbestand zwischen 1963 und 1966 von 66 auf 53% zurückging, während der Anteil von Bulkfahrern von 13 auf 32% anstieg. Insgesamt hat sich der Auftragsbestand der Werften in diesem Zeitraum nahezu verdoppelt. Im Tankschiffbau setzt sich die Tendenz zu größeren Einheiten fort. Aus der Tabelle läßt sich eine Zunahme der durchschnittlichen Tankertonnagen in BRT von 29600 im Jahre 1963 auf 54000 im Jahre 1966 errechnen. Von den im April 1967 im Bau oder im Auftrag befindlichen 30 Schiffen mit über 200000 t Ladefähigkeit (tdw) und 59 Schiffen mit 100000 bis 200000 tdw sind die Mehrzahl Tanker.
Die in der Tabelle benutzten Begriffe entsprechen dem Sprachgebrauch in der Seeschiffahrt. Bulkfahrer sind Massengutfrachter ohne bordeigenes Ladegeschirr, die i. A. über 100000 tdw (Tragfähigkeit) besitzen und Schüttgut transportieren. Erzschiffe werden als Spezialausführung von Bulkschiffen gesondert aufgeführt. Allround-Tramper gehören ebenfalls zu den Massengutfrachtern, sie haben bei einer Tragfähigkeit von über 10000 tdw bordeigenes Ladegeschirr und transportieren nicht nur Schüttgut. Linienfahrer sind Fracht- und Passagierschiffe im Einsatz auf bestimmten Linien, kombinierte Fahrgast-Güterschiffe und die meist kleineren Stückgutfrachter.

Die Schiffbauindustrie der wichtigsten Länder

Ablieferung in den Berichtsjahren[1])

Maßeinheit: 1000 BRT

Länder	1960	1963	1964	1965
Japan	1839	2269	3764	5101
Schweden	710	969	1034	1351
Großbritannien	1298	1096	808	1080
Deutschland	1123	1051	827	915
Norwegen	254	366	369	475
Frankreich	430	505	530	461
Italien	447	435	462	379
Dänemark	234	294	278	220
Spanien	?	114	178	193
USA	379	429	250	180
Jugoslawien	?	269	236	173
Niederlande	681	461	276	120
Belgien	124	108	75	108

[1]) Quelle: Vgl. folgende Tabelle.

Auftragsbestand der Werften der Welt an seegehenden Handelsschiffen[1])

Schiffsart	1. 10. 1963		1. 10. 1964		1. 10. 1965		1. 10. 1966	
	Anzahl	1000 BRT	Anzahl	1000 BRT	Anzahl	1000 BRT	Anzahl	1000 BRT
Tanker	417	12356	392	13154	385	15926	354	19160
Bulkfahrer	157	2360	267	5157	388	8616	523	11548
Allround Tramper	244	1201	158	730	151	659	123	601
Erzfahrer	24	668	26	854	40	1721	49	1888
Linienfahrer	293	1781	459	2505	508	2682	529	2922
Sonstige	28	356	26	337	22	306	13	164
Insgesamt	1163	18722	1328	22737	1494	29910	1591	36283

[1]) Quelle: Lloyd's Register, wiedergegeben in der vom Bremer Institut für Schiffahrtsforschung herausgegebenen Zeitschrift STATISTIK DER SCHIFFAHRT, Jhg. 8 (1964) bis 11 (1967), jeweils im Januarheft.

Ergänzung zu S. 505

Der Handelsschiffbau in den wichtigsten Schiffbauländern

Die Aufgliederung des Handelsschiffbaues in den wichtigsten Bauländern nach Schiffstypen berücksichtigt die im Bau oder im Auftrag befindlichen Schiffe von 1000 BRT und darüber. Ein Vergleich der nebenstehenden Tabelle mit den entsprechenden Angaben für 1962 zeigt beträchtliche Verschiebungen in der Rangfolge der Länder und in der Struktur ihrer Schiffbauindustrie nach Schiffstypen. In Großbritannien ist der Anteil der Tanker erheblich zurückgegangen, die Tonnage der im Bau oder im Auftrag befindlichen Frachter jedoch verdoppelt worden. Auch in der Bundesrepublik Deutschland hat sich das Schwergewicht auf den Frachterbau verschoben, dessen Umfang jedoch nur geringfügig gesteigert werden konnte. Eine ähnliche Entwicklung zeichnet sich in Schweden ab, während in Frankreich und Norwegen der Bau von Tankern zwar weiterhin vorherrscht, in der Gesamttonnage aber zurückgegangen ist. Vergleicht man die im Bau und im Auftrag befindliche Tonnage aller Schiffstypen zum 1. 2. 1962 und zum 1. 1. 1966, dann verzeichnen Schweden, Frankreich, Norwegen und Italien einen Rückgang, die Bundesrepublik eine sehr geringe Steigerung um 0,5%, Großbritannien eine Zunahme um 33% und Japan als führendes Schiffbauland einen Zuwachs um 271%. Dabei war die Zunahme im Frachtschiffbau Japans nahezu doppelt so groß wie im Bau von Tankschiffen.

Der Handelsschiffbau in den wichtigsten Schiffbauländern[1])

Am 1. Januar 1966 im Bau oder in Auftrag befindliche Schiffe von 1000 BRT und darüber

Bauländer	Frachter		Tanker		Fahrgastschiffe sowie komb. Fahrgast-Güterschiffe		Zusammen	
	Zahl	BRT	Zahl	BRT	Zahl	BRT	Zahl	BRT
Japan	235	5292970	106	5244840	2	17800	343	10555610
Großbritannien	159	2077020	22	798250	6	107350	187	2982620
BR Deutschland	115	1382550	18	826200	7	46000	140	2254750
Schweden	62	1255730	34	976600	3	18600	99	2250930
Sowjetunion	87	818300	49	1240840	9	151600	145	2210740
Polen	165	1174690	17	223110	—	—	182	1397800
Frankreich	30	469780	14	756200	8	84780	52	1310760
Norwegen	56	517880	19	769930	5	22000	80	1309810
Dänemark	38	438080	10	557530	4	11800	52	1007410
Italien	7	155400	16	589590	5	52540	28	797530
Spanien	60	380670	11	309280	4	22860	75	712810
Jugoslawien	63	415100	18	186270	4	57600	85	658970
Niederlande	53	311130	6	263670	—	—	59	574800
USA	44	490000	1	23000	—	—	45	513000
Finnland	74	240900	21	47800	4	36000	99	324700
Kanada	14	206280	3	14880	2	24600	19	245760
Brasilien	20	172900	5	35000	—	—	25	207900
Dt. Sowjetzone	21	114150	—	—	4	79200	25	193350
Belgien	14	184910	—	—	—	—	14	184910
Australien	7	158600	2	25460	—	—	9	184060
Bulgarien	28	97620	1	3500	—	—	29	101120
Indien	8	93920	—	—	—	—	8	93920
Ungarn	38	50700	—	—	1	8300	39	58700
Irland	3	58680	—	—	—	—	3	58680
Ägypten	2	7120	—	—	1	13800	3	20920
Formosa	4	17800	—	—	—	—	4	17800
Rumänien	5	16150	—	—	—	—	5	16150
Portugal	3	14480	1	1470	—	—	4	15950
Argentinien	1	7340	1	6700	—	—	2	14040
Pakistan	1	11450	—	—	—	—	1	11450
Hongkong	1	9340	—	—	—	—	1	9340
Israel	2	5340	—	—	—	—	2	5340
Tschechoslowakei	3	5340	—	—	—	—	3	5340
Türkei	2	2620	—	—	—	—	2	2620
Zusammen	1425	16654940	375	12900120	69	754530	1869	30309590

[1]) Nach amerikanischen Quellen zusammengestellt vom Bremer Institut für Schiffahrtsforschung in STATISTIK DER SCHIFFAHRT, Jhg. 10, H. 7, Juli 1966, S. 37.

Ergänzung zu S. 508

Steinkohlenförderung

Steinkohle ist nach wie vor ein wichtiger Rohstoff und spielt eine große Rolle sowohl in der Energiewirtschaft als in der chemischen Industrie. Es ist daher verständlich, daß die Weltförderung noch immer weiter ansteigt. Dabei zeigt sich hinsichtlich der Erdteile eine bedeutsamer Unterschied. Noch im Jahrfünft 1960/65 übertraf Europa in der Förderung von Steinkohle bei weitem alle übrigen Erdteile. Jetzt steht Asien an der Spitze, und die Förderung in Amerika und in der Sowjetunion bleibt keineswegs mehr soweit hinter der Europas zurück wie einst. Alle anderen Großräume, auch Afrika und Australien, haben in dem Jahrzehnt 1955/65 ihre Steinkohlenförderung erheblich gesteigert, am stärksten Asien; in Europa dagegen ist eine stetige Abnahme zu verzeichnen. Indessen die Entwicklungstendenz ist in Europa nicht einheitlich. Wie die ihre Industrie erst noch aufbauenden Länder in Übersee ihre Steinkohlenförderung in der Regel noch stark steigern (vgl. China, Indien, Südafrika, Australien), so steigt auch die Förderung in den Jungindustrieländern Europas gewöhnlich noch erheblich an (vgl. Polen, Rumänien, Ungarn). Stärker als diese Zunahme ist jedoch die Abnahme der Steinkohlenförderung in den Altindustrieländern Europas (vgl. Großbritannien, BR Deutschland, Frankreich, Belgien). Hier ist die Steinkohle dem Wettbewerb mit anderen Energiearten und mit der billigen zu erstellenden amerikanischen Steinkohle ausgesetzt, so daß eine Einschränkung der Förderung, d. h. Stillegung vieler nicht rentabel genug arbeitender Zechen unvermeidlich geworden ist (Ruhrrevier!). Wie schwer sich z. B. in der BR Deutschland die Steinkohle gegenüber den anderen Energiearten zu behaupten vermag, zeigt nachstehende Zahlenfolge. Der prozentuale Anteil am Primär-Energieverbrauch betrug hier:

	für Steinkohle	für Mineralöl	für Gas
1950	72,3	5,1	0,2
1955	69,1	9,9	0,4
1960	59,6	21,7	0,4
1965	42,4	41,1	1,3
1966	37,5	45,6	1,6

Steinkohlenförderung[1])

Maßeinheit: 1000 t Reihenfolge nach der Förderung in 1966

Länder	1955	1960	1965	1966 1000 t	1966 % der Welt
Welt	**1597000**	**1945100**	**2186100**	**2182300**	**100,00**
Europa	**616595**	**592067**	**587349**	**562736**	**25,79**
Großbritannien	225562	196701	189960	177219	8,12
BR Deutschland	148057	142287	135077	125970	5,77
Polen	95992	104438	118831	121500	5,57
Frankreich	55335	55961	51348	50556	2,32
Tschechoslowakei	22142	26214	27755	26670	1,22
Belgien	29978	22465	19786	17495	0,80
Spanien	12426	13783	12881	12790	0,59
Niederlande	11895	12498	11446	10048	0,46
Rumänien	400	4481	6035	6240	0,29
Türkei	5507	3653	4389	4650	0,21
Ungarn	2692	2847	4362	4380	0,20
Dt. Sowjetzone	2667	2721	2212	2100	0,10
Jugoslawien	1137	1283	1169	1150	0,05
UdSSR	**276100**	**374925**	**427884**	**434500**	**19,91**
Amerika	**462069**	**406194**	**491006**	**500579**	**22,94**
USA	442559	391526	474059	484550	22,20
Kanada	11362	8020	8645	7820	0,36
Kolumbien	1850	2600	3200	3200	0,15
Brasilien	2268	1277	1700	1700	0,08
Chile	2308	1297	1582	1520	0,07
Mexiko	1342	1074	1300	1300	0,06
Afrika	**37720**	**43269**	**53558**	**53302**	**2,44**
Rep. Südafrika	32148	38173	48514	48320	2,21
Südrhodesien	3312	3559	3500	3500	0,16
Asien	**181077**	**504904**	**593102**	**597055**	**27,36**
Volksrep. China	93170	380000	440000	440000	20,16
Indien	38839	52593	69457	70550	3,23
Japan	42423	51067	49534	51320	2,35
Korea[2])	1300	12128	22247	23420	1,07
Formosa	2259	3962	5053	4950	0,23
Vietnam	1100	2622	4000	4000	0,18
Pakistan	552	831	1236	1250	0,06
Australien-Ozeanien	**20380**	**23743**	**33192**	**34110**	**1,56**
Australien	19584	22931	32518	33470	1,53

[1]) Quelle: Beilage zum Statistischen Vierteljahresheft, IV/1966.
[2]) 1955 nur Südkorea.

Ergänzung zu S. 513—514

Die Erdölwirtschaft der Welt

In der folgenden Tabelle sind die wichtigsten Daten zur Erdölwirtschaft nach Großräumen zusammengestellt. Ein Vergleich zwischen Erdölreserven und -förderung zeigt, daß die umfangreichen Reserven in den nahöstlichen Ländern in weit geringerem Maße angegriffen werden als in den übrigen Regionen. In Nordamerika ist die Ausschöpfung der einheimischen Reserven besonders intensiv, die Jahresförderung von 1966 entsprach hier 7,2% der Erdölreserven, während im gleichen Jahre insgesamt nur 3,1% der Weltreserven verbraucht wurden.
Eine Gegenüberstellung von Mineralölverbrauch und -förderung macht die überragende Bedeutung des Nahen Ostens als Überschußgebiet und den Umfang des Einfuhrbedarfes in den führenden Verbrauchergebieten deutlich. Besonders ungünstig ist die Stellung Westeuropas, das 1966 nur 4,3% der Verbrauchsmenge aus der eigenen Förderung decken konnte. Einen zunehmenden Einfuhrbedarf hat auch der Bereich des Mittleren und Fernen Ostens und Australiens, in dem nur 21% des Mineralölverbrauchs aus der Förderung innerhalb dieses Gebietes stammen. Afrika und Lateinamerika sind weiterhin Überschußgebiete. In Lateinamerika stiegen Verbrauch und Raffineriekapazität in den letzten Jahren jedoch beträchtlich an, während die vor allem auf Libyen, Algerien und Nigeria entfallende afrikanische Förderung zunehmend für Ausfuhren verwendet werden konnte. Allein in Lybien haben sich die bekanntgewordenen Reserven 1966 gegenüber 1965 verdoppelt, sie entsprachen mit 2,6 Mrd. t 61,5% der gesamten afrikanischen Reserven im Jahre 1966. Die Erdölreserven der Welt stiegen allein im Jahre 1966 um 4,7 Mrd. t, das ist etwa die dreifache Menge der Jahresproduktion von 1966.
Hinsichtlich des Erdgasverbrauches, der etwa der Erdgasförderung innerhalb der Großräume entspricht, steht Nordamerika mit nahezu 70% an erster Stelle, gefolgt von Osteuropa und der Sowjetunion. In allen anderen Gebieten spielt das Erdgas erst eine geringe Rolle für die Energieversorgung, lediglich in Europa und Lateinamerika bestehen Ansätze zu einer stärkeren Ausnutzung dieser Energiequelle.

Die Erdölwirtschaft der Welt 1966[1])

Gebiet	Bevölkerung (geschätzt)		Energiebedarf (1965)		Erdölreserven		Erdölförderung	
	Mio	%	Mio t[2])	%	Mio t	%	Mio t	%
Westeuropa . . .	324	9,7	840	20,4	254	0,5	17,7	1,1
Afrika	296	8,9	75	1,8	4277	8,1	134,1	8,2
Naher Osten . . .	89	2,6	60	1,5	32078	60,7	461,8	28,3
Nordamerika . . .	215	6,5	1410	34,3	6255	11,8	452,7	27,7
Lateinamerika . .	241	7,2	155	3,8	3690	7,0	237,5	14,5
Mittlerer u. Ferner Osten, Australien	1027	30,9	330	8,0	1598	3,0	35,2	2,2
Osteuropa, Sowjetunion, China . .	1135	34,2	1240	30,2	4689	8,9	293,8	18,0
Insgesamt	3327	100,0	4110	100,0	52841	100,0	1632,8	100,0

	Raffineriekapazität		Mineralölverbrauch		Erdgasverbrauch	
	Mio t	%	Mio t	%	Mio Nm³	%
Westeuropa . . .	485,2	25,3	408,2	24,7	24000	3,2
Afrika	35,3	1,8	33,6	2,0	2000	0,2
Naher Osten . . .	97,9	5,1	43,6	2,6	3700	0,5
Nordamerika . . .	594,8	31,0	644,6	39,1	523000	69,2
Lateinamerika . .	218,7	11,4	110,1	6,7	28500	3,8
Mittlerer u. Ferner Osten, Australien	197,9	10,3	169,7	10,3	8500	1,1
Osteuropa, Sowjetunion, China . .	290,4	15,1	240,1	14,6	166000	22,0
Insgesamt	1920,2	100,0	1649,9	100,0	755700	100,0

[1]) Nach einer Zusammenstellung im Esso-Magazin Jhg. 19, Heft 1, 1967.
[2]) In Mio t Öleinheiten.

Ergänzung zu S. 513—514

Erdölreserven, Förderung und Verbrauch

In Ergänzung zur vorhergehenden Aufstellung zeigt die folgende Tabelle die Entwicklung von Erdölreserven, Förderung und Verbrauch für drei aufeinanderfolgende Jahre in den wichtigsten Produktions- und Verbrauchsländern. Die üblicherweise vorgenommene Aufschlüsselung nach Großräumen läßt vielfach die Stellung der beiden führenden Verbrauchs- und Produktionsländer Vereinigte Staaten und Sowjetunion nicht genügend klar hervortreten. 1966 entfielen allein 25,9% der Förderung und 35,6% des Mineralölverbrauches auf die Vereinigten Staaten, während auf die Sowjetunion 16,2% der Förderung und 11,8% des Verbrauches kamen. Allein der Vergleich beider Länder nach Förderung und Verbrauch im Zeitraum 1965—1966 zeigt allerdings erhebliche Unterschiede. In den Vereinigten Staaten stieg die Förderung mit 6,8% weitaus stärker als der Verbrauch (+ 3,9%). In der Sowjetunion konnte die Förderung nur um 4,9% gesteigert werden, während der Verbrauch mit + 8,0% weitaus rascher anstieg.
Die Erdölförderung der Welt nahm im Zeitraum 1965—1966 um 129 Mio t (8,6%) zu, davon entfielen 39% auf die Länder des Nahen Ostens, 21% auf die afrikanischen Länder, in erster Linie auf Libyen und Nigeria, 20% auf die Vereinigten Staaten und 17% auf die Sowjetunion. Venezuela, das nach dem Umfang der Förderung weiterhin an dritter Stelle steht, erlebte in diesem Jahr einen Rückgang der Förderung um über 5 Mio t.

Erdölreserven, Förderung und Verbrauch[1]) in Mio t

Land	Reserven			Förderung			Verbrauch		
	1964	1965	1966	1964	1965	1966	1964	1965	1966
USA	4650	4772	5144	375,7	384,0	410,0	543,0	563,8	585,8
Sowjetunion	4026	4404	4473	223,6	243,0	265,0	169,1	180,5	195,0
Venezuela	2429	2464	2334	177,3	181,1	175,8	9,0	9,5	9,2
Saudi-Arabien	8116	8067	8873	85,8	99,6	117,0	3,4	3,8	4,0
Kuwait	8678	8605	9459	106,7	107,3	114,3	5,1	5,7	5,7
Iran	5125	5427	5997	84,2	92,4	105,5	8,3	9,3	10,2
Lybien	1181	1317	2634	41,6	58,8	72,0	0,5	0,6	0,6
Irak	3354	3354	3221	61,4	64,5	67,0	2,8	3,1	3,2
Kanada	711	1010	1111	37,0	39,3	42,7	52,8	55,0	58,8
Algerien	967	959	940	26,2	26,0	32,1	1,7	1,8	2,0
Indonesien	1358	1293	1238	23,3	24,1	24,0	6,1	5,2	7,4
Neutrale Zone Arabiens	1832	1810	1898	19,5	19,2	22,0	1,6	1,9	2,0
Nigeria	137	408	475	5,9	13,4	20,5	1,2	1,2	1,4
Abu Dhabi	1041	1335	1668	9,0	13,5	17,3	—	—	—
Mexiko	394	352	352	16,4	16,8	17,0	16,4	17,0	18,9
Argentinien	286	272	415	14,2	14,0	15,0	16,3	17,5	18,5
Katar	455	389	519	10,1	11,0	13,5	—	—	—
Rumänien	127	121	114	12,4	12,5	12,8	6,3	6,6	6,9
Kolumbien	169	213	241	8,8	10,4	10,2	4,4	4,9	4,9
VR China	41	44	48	8,5	9,3	10,0	9,0	9,8	10,3
BR Deutschland	111	106	100	7,7	7,9	7,9	68,7	79,1	88,8
Brasilien	123	68	137	4,3	4,5	5,8	18,5	20,0	18,8
Indien	100	108	188	2,2	3,0	4,2	11,5	11,8	13,7
Frankreich	33	32	29	2,9	3,0	2,9	48,4	53,2	56,3
Niederlande	43	50	48	2,3	2,4	2,4	22,4	25,3	26,5
Italien	48	47	45	2,6	2,2	1,7	47,7	52,3	55,6
Australien	7	8	80	0,2	0,3	0,5	15,8	17,2	19,0
Japan	—	—	—	—	—	—	74,0	84,5	96,3
Belgien-Luxemburg	—	—	—	—	—	—	14,7	17,0	17,8
Großbritannien	—	—	—	—	—	—	67,8	74,2	78,2
Spanien	—	—	—	—	—	—	11,5	13,1	14,3

[1]) Nach einer Zusammenstellung im Esso-Magazin Jhg. 19, Heft 1, 1967. Aufgeführt sind alle Länder mit mindestens 10,0 Mio t Erdölförderung oder -verbrauch im Jahre 1966. Die Reihenfolge der Länder entspricht der Förderung im Jahre 1966.

Ergänzung zu S. 520

Die Welt-Tankerflotte

Die Tankerflotte der Welt wurde in den letzten Jahren beträchtlich vergrößert. Die Tragfähigkeit stieg von 1960 bis 1966 um 48% und überstieg Anfang 1967 bereits 100 Mio t. Eine Aufschlüsselung nach Flaggen zeigt, daß Liberia seine führende Stellung ausbauen konnte, während in der Rangordnung der übrigen Flaggen stärkere Veränderungen erfolgten. Gemessen an der Tragfähigkeit hat sich die sowjetische Tankerflotte im Zeitraum 1960—1966 mehr als verdreifacht, die japanische Tankertonnage stieg um 261%, die norwegische um 62%.
Größe und Tragfähigkeit der Tankschiffe sind in den letzten Jahren erheblich gestiegen. 1963 lag die durchschnittliche Tragfähigkeit der Tanker bei 21100 tdw, 1965 erreichte der Durchschnittswert für die Tragfähigkeit der im Bau befindlichen Tankschiffe bereits 77000 tdw. Mit der Vergrößerung der Ladekapazität stieg der Tiefgang der Schiffe erheblich an. Er liegt bei dem Ende 1966 in Dienst gestellten, zur Zeit größten Tanker „Idemitsu Maru" bereits bei 18 m und wird mit den in Auftrag gegebenen 300000 t-Schiffen zwischen 20 und 25 m erreichen. Damit scheiden bisher befahrene Meeresteile wie der Englische Kanal, die La Plata-Mündung, die Ostsee und die südliche Nordsee für derartige Großtanker aus. Die Anlage von modernen Verteilerhäfen an dafür geeigneten Küsten und die Verlagerung der Seewege haben erhebliche wirtschaftliche Folgen für die jeweiligen Anliegerstaaten.

Die Welt-Tankerflotte 1960 und 1966[1])

Flagge	Tragfähigkeit (tdw) in Mio t		Anzahl d. Schiffe 1. 10. 1966
	31. 12. 1960	1. 10. 1966	
Liberia	11,653	20,318	571
Norwegen	9,367	15,141	514
Großbritannien	10,954	12,322	575
Japan	2,401	8,687	757
USA	6,992	7,151	365
Panama	3,667	4,173	151
Frankreich	3,162	3,905	173
Sowjetunion	1,108	3,800	273
Italien	2,871	3,458	274
Griechenland	2,097	3,160	169
Niederlande	1,984	2,599	115
Schweden	2,601	2,559	121
Dänemark	1,412	1,890	77
BR Deutschland	1,117	1,748	118
Spanien	0,702	1,062	80
Argentinien	0,573	0,775	72
Brasilien	0,534	0,691	56
Sonstige	2,631	3,060	245
Insgesamt	66,395	98,260	4926

[1]) 1960 nach ERDÖL-NACHRICHTEN Nr. 158 vom 16. 3. 1961; 1966 nach Lloyd's Register, wiedergegeben in der vom Bremer Institut für Schiffahrtsforschung herausgegebenen STATISTIK DER SCHIFFAHRT Jhg. 10, Dezember 1966, S. 3—4.

Ergänzung zu S. 526

Mineralölaufkommen in der Bundesrepublik Deutschland

Im Mineralölaufkommen der Bundesrepublik Deutschland zeichnet sich in den letzten Jahren eine rasche Zunahme der Rohöl-Einfuhren und eine wesentliche Veränderung in den Herkunftsgebieten ab. Der Anteil des Nahen Ostens an den Importen ging von 1960 (80,1%) bis 1966 (38,8%) erheblich zurück, während die Importe aus afrikanischen Ländern zugleich von 1,7% auf 50,9% anstiegen. Hierin äußert sich in erster Linie die zunehmende Bedeutung Lybiens für den deutschen Markt, das heute bereits größere Mengen als alle nahöstlichen Länder zusammen in die Bundesrepublik liefert. Neben Lybien sind Algerien und Nigeria wichtige Lieferanten für die deutschen Raffinerien geworden. Der Anteil einheimischer Rohölproduktion am gesamten Rohölaufkommen sank von 19,2% im Jahre 1960 auf 10,4% 1966, obwohl die Förderung beträchtlich gesteigert werden konnte.
Der Ausbau des Fernleitungsnetzes hat in zunehmendem Maße zu einer Verlagerung der Raffineriestandorte in die Verbrauchszentren des Binnenlandes geführt. Die Pipelines Wilhelmhaven—Köln, Rotterdam—Frankfurt, Lavéra—Marseille—Karlsruhe—Ingolstadt, Genua—Ingolstadt und die Anfang 1967 fertiggestellte TAL-Pipeline Triest—Ingolstadt bedeuten wesentliche Erleichterungen und Verkürzungen des Transportweges.

Rohöl-Einfuhr in der BR Deutschland nach Herkunftsgebieten in %[1])

Gebiet	1950	1955	1960	1965	1966
Mittlerer Osten . . .	82,5	88,1	80,1	42,1	38,8
Amerika	17,5	11,9	12,3	5,9	5,4
Afrika	—	—	1,7	47,6	50,9
Sonstige	—	—	5,9	4,4	4,9
Insgesamt	100,0	100,0	100,0	100,0	100,0

[1]) Quelle: Mineralölwirtschaftsverband, Jahresbericht 1966, S. T 10.

Mineralölaufkommen der BR Deutschland[1])

Maßeinheit: t. Reihenfolge nach der Herkunft im Jahre 1966

Herkunftsländer	1960	1965	1966
1. **Deutsches Rohöl aus**			
Raum Hannover	1999651	2412178	2400197
Emsland	1356243	2088949	2084166
Weser-Ems-Gebiet	1330990	1955611	1952334
Schleswig-Holstein	490297	853217	858184
Bayern	139718	339946	376125
Oberrheintal	212984	233992	197211
Summe 1	5529883	7883893	7868217
2. **Ausländisches Rohöl aus**			
Libyen	—	23130594	26330410
Saudi-Arabien	6151219	8104353	9073024
Iran	5414447	6117245	7275403
Algerien	401567	2554168	4568042
Irak	4485678	5188711	3959047
Maskat Oman	—	2878243	3842387
Venezuela	2369417	3487246	3646164
UdSSR	1052625	2584890	3285198
Nigeria	—	2405418	3051436
Kuweit	1524191	2569688	2035102
Tunesien	—	—	365131
Gabun	—	30767	157735
Katar	1074189	16914	97544
Sonstige	799355	—	—
Summe 2	23272688	59068237	67686623
Rohölaufkommen insgesamt	28802571	66952130	75554842
Außerdem Einfuhr von Fertigerzeugnissen	7768755	16136850	18513951

[1]) Nach den von der BP herausgegebenen Erdöl-Nachrichten.

Ergänzung zu S. 527

Die Kernkraftwerke der Welt

Im November 1966 befanden sich bereits 50 Atomkraftwerke mit einer Gesamtkapazität von 9426 MW in Betrieb. Aus der Feststellung, daß 56% dieser Leistung allein in den Jahren 1965 und 1966 installiert wurden, läßt sich diese rasche Entwicklung der Kernenergiegewinnung in den letzten Jahren ablesen. Großbritannien, das die ersten Kernkraftwerke errichtete, steht mit einer Gesamtkapazität von 3535 MW an der Spitze der Länder, die zur Zeit Kernenergie für die Elektrizitätsgewinnung einsetzen. An zweiter und dritter Stelle folgen die Vereinigten Staaten mit 1878 und die Sowjetunion mit 1525 MW. Von der bis November 1966 installierten Kapazität entfallen 59,6% auf westeuropäische Länder.

Die Kernkraftwerke der Welt[1])

Bezeichnung und Standort	Elektrische Leistung in MW	Inbetriebnahme
USA		
1. Shippingport, Penn.	100	1957
2. Dresden; Morris, Ill.	200	1959
3. Yankee; Rowe, Mass.	175	1960
4. Indian Point; Buchanan, N. Y.	255	1962
5. Big Rock Point; Mich.	72	1962
6. Elk River, Minn.	22	1962
7. Humboldt Bay, Calif.	70	1963
8. Piqua, Ohio	11	1963
9. CVTR; Parr, S. C.	17	1963
10. EBR; NRTS, Idaho	20	1963
11. Fermi; Lagoona Beach, Mich.	61	1963/66
12. Bonus; Rincon, Puerto Rico	16,5	1964
13. Pathfinder; Sioux Falls, S. O.	58	1964
14. NPR; Hanford, Wash.	800	1966
Deutschland		
1. VAK; Kahl	15	1960
2. MZFR; Karlsruhe	50	1965
3. AVR; Jülich	15	1966
4. KRB; Gundremmingen	237	1966

[1]) Quelle: Atomwirtschaft-Atomtechnik Jhg. 11, Nr. 12, 1966, S. 587—589, Stand der Angaben: 15. 11. 1966.

Bezeichnung und Standort	Elektrische Leistung in MW	Inbetriebnahme
Frankreich		
1. G-2; Marcoule	40	1958
2. G-3; Marcoule	40	1959
3. Chinon 1 (EdF1)	70	1962
4. Chinon 2 (EdF2)	200	1964
5. Chinon 3 (EdF3)	480	1966
6. Sena; Chooz	266	1966
Großbritannien		
1. Calder Hall	180	1956/58
2. Chapelcross	180	1958/59
3. DFR; Bounreay	15	1959
4. Berkeley	300	1962
5. Bradwell	320	1962
6. Windscale	40	1962
7. Hunterstone	340	1964
8. Hinkley Point	530	1965
9. Trawsfynnydd	500	1965
10. Dungeness-A	550	1965
11. Sizewell	580	1966
Belgien		
1. BR-3, Mol	11	1962
Italien		
1. Latina	200	1962
2. Garigliano	150	1963
3. E. Fermi; Trino	300	1965
Schweden		
1. R-3/Adam; Ägesta	10	1963
Sowjetunion		
1. Sibirien, Troitsk	600	1958/62
2. Ural-1; Bjelojarsk	94	1963
3. WWER-1; Nowo Woronesch	196	1963
4. VK-50; Melekess	70	1965
5. WWER-2; Nowo Woronesch	365	1965/66
6. Ural-2; Bjelojarsk	200	1965/66
Kanada		
1. NPD; Rolphton, Ont.	20	1962
2. Douglas Point; Kincardine, Ont.	203	1966/67
Japan		
1. JDPR; Tokai	12	1963
2. Japco-1; Tokai	169	1965

Ergänzung zu S. 536

Stromerzeugung

In der Stromerzeugung stehen die Vereinigten Staaten weiterhin an erster Stelle, die Erzeugung nahm hier im Zeitraum 1960 bis 1965 um 32% zu. In den meisten Industrieländern stieg die Produktion von elektrischer Energie in diesem Zeitraum um 30 bis 35%. Eine stärkere Entwicklung zeigen lediglich die Sowjetunion mit einer Zunahme um 55%, Spanien mit 49% und die Bundesrepublik Deutschland mit 38%.

Stromerzeugung in Mrd. kWh/Jahr[1])

Länder	1960	1961	1962	1963	1964	1965
Europa insgesamt	679,70	753,50	795,80	854,70	926,10	?
BR Deutschland[2])	116,42	124,56	135,44	147,27	164,84	172,34
Dt. Sowjetzone	40,31	42,51	45,06	47,45	51,03	53,54
Großbritannien	136,67	138,27	151,76	163,40	172,42	183,00
Frankreich	72,12	76,49	83,09	88,25	93,78	101,16
Italien	56,24	60,57	64,73	69,72	74,31	79,23
Schweden	34,80	38,01	40,30	39,88	44,48	49,10
Norwegen	31,34	33,59	37,65	39,46	43,94	48,76
Polen	29,31	32,26	35,38	36,95	40,60	43,79
Tschechoslowakei	24,45	26,96	28,73	29,86	31,97	34,19
Spanien	18,61	20,28	22,16	25,21	28,44	30,23
Schweiz	19,07	22,30	21,34	22,01	22,86	?
Niederlande	16,51	16,66	18,21	19,84	21,74	23,66
Österreich	15,97	16,63	17,81	18,44	20,36	22,25
Belgien	15,15	14,97	16,41	17,80	19,48	20,36
UdSSR	292,27	327,61	369,28	412,42	458,90	507,00
USA	840,95	878,71	943,05	1011,42	1082,42	1159,93
Kanada	114,00	113,22	117,00	121,56	134,29	143,16
Brasilien	22,86	23,77	27,16	27,87	29,09	?
Mexiko	10,73	11,75	15,20	13,57	15,74	17,26
Argentinien	7,85	11,61	11,80	12,40	13,82	?
Rep. Südafrika	23,26	24,56	26,10	27,83	30,42	32,88
Japan	115,49	128,32	137,76	154,20	175,98	?
Indien	19,69	22,96	26,23	30,31	32,73	?
Australien	23,14	25,46	27,63	30,64	34,00	37,08

[1]) Quelle: Statistisches Jahrbuch der BR Deutschland 1964 (S. 55) und 1966 (S. 17 und 65), Statistical Yearbook 1965 (S. 359), World Energy Supplies 1961—1964, Statistical Papers Serie J. 9.

[2]) Bis einschließlich 1963 ohne Berlin.

Hans Günter Gierloff-Emden

Mexico

Eine Landeskunde

Mit 80 Bildern und 140 Karten im Text
Groß-Oktav. Etwa 400 Seiten. 1968
Ganzleinen etwa DM 90,—

Mexico gilt heute als eines der politisch, wirtschaftlich und finanziell stabilsten Länder Lateinamerikas. Das Problem der Ernährung der Bevölkerung, für Mexico auf Grund der naturgeographischen Bedingungen eine schwierige Lebensraumfrage, hat dem Staat ungeheure wirtschaftliche Impulse gegeben und wurde größtenteils gelöst.

Der Verfasser, der Mexico in den Jahren 1955, 1961, 1962 und 1964 bereiste, entwirft ein Bild des heutigen Mexico vor dem natur- und kulturgeographischen Hintergrund des Landes. Neben dem in der modernen Informationstechnik immer mehr an Bedeutung gewinnenden ‚visualising', dem Sichtbarmachen der Zusammenhänge, hier in der räumlichen Anordnung der ‚Sprache der Geographie', durch beigefügte Karten und Fotos, wird dem Bedarf der Nachfrage nach Tatsachen durch Tabellen und einen Lexikonteil Rechnung getragen.

Obwohl es zahlreiche Publikationen über Mexico gibt — im Titelregister des Buches werden 1300 ausgewählte Titel nachgewiesen —, stellt dieses Werk innerhalb des geographischen Schrifttums die erste große Landeskunde dar.

Martin Schwind

Das Japanische Inselreich

Eine Landeskunde nach Studien und Reisen in 3 Bänden

Groß-Oktav. Ganzleinen

1. Band: Die Naturlandschaft

Mit 121 Abbildungen, 60 Bildern, 65 Tabellen und 1 farbigen topographischen Karte 1:2 Mill.
XXXII, 581 Seiten. 1967. Ganzleinen DM 150,—

In Vorbereitung

Band 2: Die Kulturlandschaft

Band 3: Großlandschaftliche Gestalten

Das Werk erfüllt methodisch die Aufgaben einer Landeskunde, ist aber darüber hinaus auch ein Nachschlagewerk in verschiedenster Richtung. Vor allem werden wir mit den Ergebnissen der japanischen Forschung in einer sorgfältigen Dokumentation und in zahlreichen Kärtchen, Profilen und Diagrammen vertraut gemacht. Ausführliche Tabellen über die Vulkane und ihre Tätigkeit, die Mineralquellen, über die Klimawerte von 115 Stationen, über die Holzgewächse mit ihren lateinischen und japanischen Namen ergänzen den Text. Die deutsche Geographie kann sich glücklich schätzen, daß den großen Werken der deutschen Gelehrten über Japan, Engelbert Kaempfer (1717), Ph. F. von Siebold (1832) und J. J. Rhein (1881—86) im Jubiläumsjahr der deutschen Japanforschung ein modernes geographisches Werk von bleibendem Wert hinzugefügt wurde. *Prof. Dr. C. Troll*

Das Buch ist in seiner profunden Fülle einmalig im Schrifttum westlicher Sprachen; es gibt kein Japanwerk, das der Naturlandschaft Japans einen nur ähnlichen eingehenden Text widmet. Das Buch gewinnt somit den Charakter eines ungewöhnlichen Werkes und ist eine echte Rarität. *Ostasiendienst*

WALTER DE GRUYTER & CO · BERLIN 30

FSC
www.fsc.org
MIX
Papier | Fördert
gute Waldnutzung
FSC® C083411

Kolibri 360 GmbH
Ferdinand-Jühlke-Straße 7
99095 Erfurt, Deutschland
produktsicherheit@kolibri360.de